Mein Schutzengel

Mein Schutzengel

Ein Himmelsgruß für jeden Tag des Jahres

Hildegunde Wöller

Hans-Jürgen Hufeisen

Kreuz

Vorwort

Dieser immerwährende Kalender ist aus der Idee für eine musikalische Interpretation des Schutzengels hervorgegangen. Musik, Bild und Sprache können einander aber ergänzen.

Die Bibel erzählt immer wieder von Engeln, Maler haben diese Geschichten phantasievoll gedeutet, Dichter ihre Erfahrungen mit Engeln geschildert. Heute wie in der Vergangenheit hat die Vorstellung und Überzeugung, dass jeder Mensch einen Engel hat, der ihn begleitet und behütet, immer wieder Mut und Trost gegeben. Der Engel als Bote, als Licht aus Gottes Licht, Glanz aus Gottes Glanz, Klang der Schöpfung und Liebe aus der unendlichen Liebe öffnet den Horizont zu einer weiten Dimension. Sie verbindet den Menschen mit einer Welt, die weit über ihn hinausweist und zugleich zu ihm gehört. Engel können in tausenderlei Gestalt erscheinen, auch in unscheinbaren Menschen, die anderen helfen und sie heilen.

Aus einem Strom der Erfahrung und Deutung schöpft dieses

Buch. Wir wollen hier nichts erklären, nichts beweisen, sondern auf bewusst spielerische Weise zeigen. Jeder Tag kann die Begegnung mit einem Engel bringen, für jeden Tag darum eine Geschichte, ein Gedicht, ein Segen oder eine Botschaft, die darauf hinweisen. Jeder Monat steht unter einem Thema, das zugleich instrumentale Komposition ist (CD Hufeisen, Mein Schutzengel), begleitet von zwölf Briefen an den Schutzengel.

Der Schutzengel kann sich dem Einzelnen auf vielfältige Art mitteilen. Die Komposition von Musik, Bild und Wort soll dazu anregen, der eigenen Wahrnehmung zu vertrauen. Dazu laden auch die Namen ein, die wir den Engelbildern gegeben haben. Beim Blättern kann jeder sich das Bild heraussuchen, das ihn gerade anspricht und inspiriert. Wir wünschen Ihnen Glück mit Ihrem Engel.

Hildegunde Wöller
Hans-Jürgen Hufeisen

Erster Brief an meinen Schutzengel

Du breitest deine Fügel aus,
          mein Schutzengel.
    Groß und weit spannt sich dein Bogen
              aus Klang durch die Zeit.
Die tiefen Stimmen in deinen Liedern
            geben mir Festigkeit unter die Füße.
Die hohen Töne deiner Musik
         tanzen gelassen in den Lüften,
wecken in mir Leichtigkeit und Freude.
Deine Klangfarben malen mir einen Regenbogen
        an den Himmel.
   Im Rhythmus deiner Musik gewinnt mein Herz Mut.
Dein Gesang umhüllt mein Leben auf der Erde mit Kraft.
Ich bin dein Schützling und du mein Beschützer.

Hans-Jürgen Hufeisen

Dazu die Instrumentalmusik auf CD Hufeisen, Mein Schutzengel

Januar

Du breitest deine Flügel aus

1. Januar

Engelskraft

Ich bin dein Schutzengel,

eins mit dir von Geburt bis zum Tod.

Ich bin bei dir, in dir, neben dir, über dir, hinter dir.

Ich bin, wer du sein sollst und im Innersten sein willst.

Ich bin dein stiller Gefährte und verlasse dich nie.

Ich trauere mit dir und liebe mit dir.

Ich schütze dich, ich kämpfe für dich, ich leite dich.

Wann immer du mich rufst, ich bin schon bei dir

und helfe dir auch dann, wenn du es nicht weißt.

Meine Flügel umhüllen dich

wie ein leuchtendes Kleid.

Ich bin Gottes Segen. Immer bei dir.

2. Januar

Gott wird seine Engel

zu dir senden,

damit sie dich behüten

auf all deinen Wegen.

Nach Psalm 91, 11

3. Januar

Die Liebe hemmet nichts;
sie kennt nicht Tür noch Riegel
und dringt durch alles sich;
sie ist ohn Anbeginn,
schlug ewig ihre Flügel,
und schlägt sie ewiglich.

Matthias Claudius

4. Januar

Das Überwältigtwerden eines Menschen von wunderbarer
Wandlung wird, solange es Menschen gibt, Worte finden wie die:
„Es war, als käme ein Engel hinein",
oder: „Ein Engel ging durch den Raum",
oder: „Es hat sie ein Engel behütet."
Das Überwältigtwerden von begegnender Schönheit,
von Worten, die wie von jenseits kommen,
von Glanz und Glut, die über ein Dasein hereinbrechen,
dies wird immer die Menschen an Engel erinnern.

Claus Westermann

5. Januar

Folget, Gesandte,
Himmelsverwandte,
gemächlichen Flugs:
Sündern vergeben,
Staub zu beleben;
allen Naturen
freundliche Spuren
wirket im Schweben
des weilenden Zugs!

Wendet zur Klarheit
euch, liebende Flammen!
Die sich verdammen,
heile die Wahrheit;
dass sie vom Bösen
froh sich erlösen,
um in dem Allverein
selig zu sein.

Wen sie umschweben,
fühlt sich im Leben
selig mit Guten.
Alle vereinigt
hebt euch und preist!
Luft ist gereinigt,
atme den Geist!

Johann Wolfgang Goethe,
Chor der Engel, Faust II

Empfangen werden

Francesco Cozza (1605 – 1682), Hagar und Ismael in der Wüste (Ausschnitt)

6. Januar

Wie mit Engelsflügeln kommt Gottes Geist:

Als Jesus getauft wurde,

öffnete sich vor ihm der Himmel,

er sah den Geist Gottes auf sich herabkommen wie ein Taube

und hörte aus dem Himmel eine Stimme, die rief:

„Du bist mein geliebter Sohn, dich habe ich erwählt."

Nach Matthäus 3, 16.17

7. Januar

Wenn die Kinder schlafen ein,

wachen auf die Sterne,

und es steigen Engelein

nieder aus der Ferne.

Halten wohl die ganze Nacht

bei den frommen Kindern Wacht.

Verfasser unbekannt

8. Januar

Man hat euch die weißen Kleider genommen,

die Flügel, sogar das Sein,

ich glaube dennoch an euch, Boten.

Die umgestülpte Welt,

das schwere Gewebe, mit Sternen und Tieren bestickt,

durchwandelt ihr und betrachtet die wahren Nähte.

Ihr rastet hier kurz,

in der Morgenstunde vielleicht bei klarem Himmel,

in der Melodie, die ein Vogel nachsingt,

oder im Duft der Äpfel im Abenddämmer,

wenn Licht die Gärten verzaubert.

Man sagt, es hätte euch jemand erdacht,

doch mich überzeugt das nicht.

Die Menschen haben sich selbst genauso erdacht.

Czesłav Miłosz

9. Januar

Die Stimme – ist wohl Beweis,

weil sie ohne Zweifel von klaren Wesen stammt,

die leicht sind, beflügelt (warum auch nicht),

mit Blitzen gegürtet.

Ich habe manchmal im Traum diese Stimme vernommen

und, was noch seltsamer ist, in etwa verstanden

den Ruf oder das Gebot in überirdischer Sprache:

bald ist es Tag,

noch einer,

tu was du kannst.

Czesłav Miłosz

10. Januar

Schau immer mal zum Himmel auf
und achte auf die Sterne.
Meinst du, die Kraft,
die alles dies hervorgebracht,
gäbe dich auf und hilft dir nicht auch gerne?

Ich bin zu dir gesandt,
ein Engel wie ein Stern für dich, ganz nah,
ich weiß dein Ziel und will dich stets begleiten.
Vertraue mir und sei jetzt still, ganz still.

11. Januar

Breit aus die Flügel beide,
o Jesu, meine Freude,
und nimm dein Küchlein ein.
Will Satan mich verschlingen,
so lass die Englein singen:
Dies Kind soll unverletzet sein.

Paul Gerhardt

12. Januar

Als Mittler der Güte Gottes

nehmen die Engel uns in ihre Obhut,

sind uns ein starker Schirm,

lenken unsere Schritte

und sorgen, dass uns kein Übel geschieht.

Johannes Calvin

Geborgensein

Rembrandt van Rijn (1606 – 1669), Der Engel erscheint Josef im Traum

13. Januar.

Welcher Glaube wäre anmutiger als der an Schutzengel, die die Pfade des irrenden Menschen umschweben?

Ferdinand Gregorovius

14. Januar

Eine Melodie ist heute in dir aufgewacht,

sie begleitet dich, wohin du gehst.

Heimlich habe ich sie zu dir gebracht

als Erinnerung daran, dass dich mein Sein umweht.

15. Januar

Abends, wenn ich schlafen geh,

vierzehn Engel mit mir gehn,

zwei zu meiner Rechten,

zwei zu meiner Linken,

zwei zu meinen Häupten,

zwei zu meinen Füßen,

zwei, die mich decken,

zwei, die mich wecken,

zwei, die mich weisen

in das himmlische Paradeise.

Kindergebet

16. Januar

Käme kein Engel mehr,
dann ginge die Welt unter.
Solange Gott die Erde trägt,
schickt er seine Engel.
Die Engel sind älter als alle Religionen –
und sie kommen auch noch zu den Menschen,
die von Religion nichts mehr wissen wollen.

Claus Westermann

17. Januar

Hinunter ist der Sonne Schein,
die finstre Nacht bricht stark herein;
leucht uns, Herr Christ, du wahres Licht,
lass uns im Finstern tappen nicht.

Dein Engel uns zur Wach bestell,
dass uns der böse Feind nicht fäll.
Vor Schrecken, Angst und Feuersnot
behüte uns, o lieber Gott.

Nikolaus Herman

18. Januar

Schützende Vogelmutter, geflügelter Engel: ein Bild für Gott.

Mit seinem Fittich bedeckt dich der Ewige,
und unter seinen Flügeln findest du Zuflucht.

Nach Psalm 91, 4

19. Januar

Umschwebst du nicht leise als Schatten,

mein gütiger Engel, mich hier

und tröstest den Müden, den Matten,

und redest kaum hörbar mit mir?

Du weckst in beglückenden Stunden

des Schaffens oft zaghaften Trieb,

du heilst meine blutenden Wunden,

mein Schutzgeist, mein Alles, mein Lieb.

Peter Tschaikowski, Mein Schutzgeist, mein Engel, mein Lieb

Schönheit

Francesco Marmitta (16. Jh.), Maria und das Kind (Ausschnitt)

20. Januar

Wie ein Adler sein Gefieder
über seine Jungen streckt,
also hat auch hin und wieder
mich des Höchsten Arm bedeckt,
alsobald im Mutterleibe,
da er mir mein Wesen gab
und das Leben, das ich hab
und zu dieser Stunde treibe.
Alles Ding währt seine Zeit,
Gottes Lieb in Ewigkeit.

Paul Gerhardt

# 21. Januar

Licht sind ihre Flügel,
weiß schimmernd ihr Gewand.
Boten sind sie aus einer Welt,
von der Kräfte herkommen,
die wir kaum ahnen.

22. Januar

Behüte mich, mein Gott, wie den Stern im Auge,

birg mich im Schatten deiner Flügel.

Nach Psalm 17, 8

23. Januar

Gern hätte ich Tränen getrunken,
die Augen weinten nur Funken;
ich wühlt' noch ein Grab in den Sand.
Ich bin in Verzweiflung gesunken,
ach, weil ich kein Wasser fand.

Da hört' ich ein Flügelpaar klingen,
da hört' ich ein Schwanenlied singen,
da fühlt ich ein kühlendes Wehn,
da sah ich mit tauschweren Schwingen
den Engel der Wüste gehn.

Da kniete ich still vor ihm nieder,
da legt' er sein tauig Gefieder
mir kühl um das glühende Haupt
und sang mir die Pilgerlieder:
Da hab ich geliebt und geglaubt.

Clemens Brentano, aus: An den Engel in der Wüste

24. Januar

Hirte deiner Schafe,
der von keinem Schlafe
etwas wissen mag,
deine Wundergüte
war mein Schild und Hütte
den vergangnen Tag.
Sei die Nacht auch auf der Wacht
und lass mich
von deinen Scharen
um und um bewahren.

Lass auch meine Lieben
keine Not betrüben,
sie sind mein und dein.
Schließ uns mit Erbarmen
in den Vaterarmen
ohne Sorgen ein.
Du bei mir und ich bei dir;
also sind wir ungeschieden,
und ich schlaf im Frieden.

Benjamin Schmolck

Sorglos

Abbot Andersen Thayer (1849-1921), Geflügelte Figur auf Felsen

25. Januar

Sorgen lasten schwer,
trüben dir deinen Mut.
Aber sieh um dich her:
Du bist in des Engels Hut.

26. Januar

Göttlicher Geistwind, engelgleich, behütet die Kinder:

Weißt du, wieviel Sternlein stehen
an dem blauen Himmelszelt?
Weißt du, wieviel Wolken gehen
weit hinüber alle Welt?
Gott der Herr hat sie gezählet,
dass ihm auch nicht eines fehlet
an der ganzen großen Schar.

Weißt du, wieviel Kinder frühe
stehn aus ihrem Bettlein auf,
dass sie ohne Sorg und Mühe
fröhlich sind im Tageslauf?
Gott im Himmel hat an allen
seine Lust, sein Wohlgefallen;
kennt auch dich und hat dich lieb.

Wilhelm Hey

27. Januar

Die Kraft des Gefieders der Engel besteht darin,
das Schwere emporzuheben und hinaufzuführen,
wo das Geschlecht der Götter wohnt.

Platon

28. Januar

Heiliger Geist wird über dich kommen,

und die schaffende Kraft des Höchsten

wird über dir sein wie der Schatten von Flügeln.

Nach Lukas 1

29. Januar

Es ist kein Gott wie der Gott Jeschuruns,

der Heilige aus den Wolken,

der vom Himmel herabfährt dir zur Hilfe.

Zuflucht ist bei unserem Gott

und unter den ewigen Armen.

Nach 5. Mose 33, 26.27

Loslassen

Der Meister der Goldenen Tafel, Die drei Frauen und der Engel am Ostermorgen

30. Januar

Du wünschst dir, dass du Ruhe findest.

Zu viele fragen dich nach deinem Rat,

zu viele wollen, dass du für sie tust und wirkst

und ihre Not beendest.

So wünsche denn, und ich, dein Engel,

werde dir die stille Pause schaffen.

Ich werde dich in meine Flügel hüllen und dich betten,

damit du ausruhn kannst und einfach bei dir sein.

31. Januar

Engelsegen

Gott, der Ursprung und Vollender,
segne dich, und er behüte dich,
Gott lasse leuchten sein Angesicht über dir
und sei dir liebevoll zugewandt.
Gott erleuchte dich mit seinem Glanz
und gebe dir Frieden.

Zweiter Brief an meinen Schutzengel

Du gehst mir voran,
    mein Schutzengel.
Heute spielen wir beide zusammen ein Duett.
        Du spielst mir vor,
und ich folge dir mit meinen eigenen Tönen.
    Sie sind erst zaghaft,
doch dann werden sie ganz munter,
    da deine Flügel die Harmonien vorspielen.
Zum Glück gibt mir dein Schritt Halt.
    So kann ich ausatmen und einatmen,
sogar anhalten darf ich in meiner Melodie.
    So gehe ich mit dir,
        denn du wirst Wege finden,
auf denen mein Fuß gehen kann.

Hans-Jürgen Hufeisen

Dazu die Instrumentalmusik auf CD Hufeisen, Mein Schutzengel

Februar

Du gehst mir voran

1. Februar

Engelskraft

Ich bin der Engel der Weisheit,

Ich bin die Freude am Lebendigen, ich erhalte alles am Leben.

Ich bin deine Freundin

und mache dich zur Freundin, zum Freund Gottes.

Denn ich wohne in dir und gebe dir Erkenntnis,

ich erleuchte dich und gebe dir Einsicht,

ich rate dir und schaffe Vertrauen.

Ich, die göttliche Weisheit, inspiriere dich,

gebe dir Hoffnung und erfülle dich mit Freude.

2. Februar

Sende mir, Gott, Weisheit vom heiligen Himmel,

aus dem Glanz um dich her entsende sie,

damit sie mir rate bei meiner Arbeit

und damit ich erkenne, was du von mir willst.

Nach Weisheit Salomos 9, 10

3. Februar

Ich sende einen Engel, der vor dir hergeht,

dich beschützt auf deinem Weg

und dich dorthin bringt,

wo du nach meinem Willen hinsollst.

Nach 2. Mose 23, 20

4. Februar

Man kann die Fähigkeit, auf die innere Stimme zu hören,
so stark pflegen, dass man jederzeit spürt:
so und so muss ich tun, sonst gehe ich falsch.
Vielleicht gehört zur Übung in dieser Kunst,
dass die Wahrnehmung des inneren Sollens und Müssens
manchmal stracks der Vernunft zuwiderläuft.
Sie ist oft ganz Intuition, ganz nur Gefühl,
und doch ein Gefühl von einem Muss,
das von weither kommt und in eine Weite führt.

Anna Schieber

5. Februar

„Warum die Angst endlos? Warum das Grauen?"
„Endlos ist Wahrheit, ist das Licht."
„Wenn ich dir folge, werd ich es erschauen?"
„Schon liegt sein Glanz auf deinem Angesicht."

„So trag ich schon das Licht in meinen Händen?"
„Im Kern, den du mit Traumgewirk umsponnst."
„Nichts muss ich tun, als nur die Hände heben?"
„Was sonst, als nur dies Eine! Was denn sonst!"

Henry von Heiseler, aus: Zwiesprache mit dem Engel

6. Februar

Das Finden der richtigen Frau gilt in der Bibel als heiliges Tun, bei dem Engelbeistand in Anspruch genommen wird:

Als Abraham alt geworden war, rief er seinen Vertrauten Elieser und ließ ihn schwören, für seinen Sohn Isaak eine Frau von seinen Verwandten aus Haran zu holen.

„Und wenn die Frau mir nicht folgen will", fragte Elieser, „soll ich dann deinen Sohn Isaak nach Haran führen?"

„Das niemals", gab Abraham zur Antwort, „sondern der Gott, der mich aus dem Land meiner Verwandten genommen und mir geschworen hat, dass dieses Land hier meinen Nachkommen gehören soll, der wird einen Engel vor dir her senden, damit du dort eine Frau für meinen Sohn bekommst."

Nach 1. Mose 24, 1-7

7. Februar

Der Engel, der Tobias unerkannt begleitete, erzählte ihm, sie würden abends bei Raguel einkehren, dessen Tochter Sara solle seine Frau werden.

Tobias fürchtete sich, er hatte gehört, dass schon sieben Männer Saras im Brautgemach umgekommen waren. Der Reisebegleiter gab zur Antwort: „Fürchte dich nicht, sie ist dir schon von Ewigkeit her bestimmt", und schmunzelte: „Ich vermute, du wirst Kinder von ihr bekommen." Da gewann Tobias Sara schon von weitem lieb, sein ganzes Herz neigte sich ihr zu.

Nach Tobit 6, 10 -18

Ausdauer

Adam Elsheimer (1578 - 1610), Tobias und der Engel

8. Februar

Nun, da ich an Leib und Seele gealtert bin,

hat auch mein Schutzengel sein Gesicht gewandelt.

Er ist nicht mehr das ätherische Wesen

mit dem süßen, glatten Antlitz –

wie ihn das Kind liebte und ihn sich vorstellte.

Er ist ein ernster Mann,

von übermenschlicher Verantwortung gezeichnet,

und seine Hand ist hilfreich und hart.

Magdalena Kuhn

9. Februar

„Morgen ist auch ein Tag", sagen die Leute.

Aber du brauchst eine Entscheidung für heute.

Dann lass dich von deinem Engel führen,

traue auf seinen Befehl.

Niemand weiß besser als er,

was dein Herz im innersten will.

10. Februar

Heiliger Schutzengel,

Gottes liebende Sorge hat dich mir zum Begleiter gegeben.

Du bist sein Anruf an mein Gewissen:

verhilf mir zu klarer Entscheidung.

Du bist seine führende Hand:

bleibe bei mir Tag und Nacht.

Du bist sein machtvoller Arm:

kämpfe mit mir für sein Reich.

Schutzengel-Gebet

11. Februar

Auf Flügeln des Windes weht Schutz ins Leben:

Befiehl du deine Wege
und was dein Herze kränkt
der allertreusten Pflege des,
der den Himmel lenkt.
Der Wolken, Luft und Winden
gibt Wege Lauf und Bahn,
der wird auch Wege finden,
da dein Fuß gehen kann.

Paul Gerhardt

12. Februar

Ich beschloss, die Weisheit Gottes als meine Gefährtin zu wählen, weil ich wusste, dass sie mir eine Ratgeberin zum Guten sein würde und ein Trost in Sorgen und Kummer.

Nach Weisheit Salomos 8, 9

13. Februar

Gott führt durch die Wüste, zeigt den Weg:

Als die Israeliten in der Wüste waren,
zog der Engel Gottes vor ihnen her;
am Tag in einer Wolkensäule, um ihnen den Weg zu zeigen,
und in der Nacht in einer Feuersäule, um ihnen zu leuchten.
So konnten sie bei Tag und bei Nacht wandern.

Nach 2. Mose 13, 21

14. Februar

Die Führung durch unseren Engel
ist nicht von Mitleid geprägt.
Es geht ihm nicht einfach um unsere Bedürfnisse.
Er fordert vielmehr, unsere inneren Kräfte zu entfalten.
Ihm geht es darum, uns in Übereinstimmung zu bringen
mit dem, was Gott mit uns vorhat.

Morgenstern

Schottenmeister, Verkündigung an Maria

15. Februar

Von meiner Jugend an habe ich die Weisheit geliebt und gesucht;

ich wünschte mir, immer mit ihr zusammen zu leben

und wurde ein Liebhaber ihrer Schönheit.

Sie kommt ja von Gott,

ist mit ihm vertraut

und das ganze All liebt sie.

Sie ist eingeweiht in alle Erkenntnis

und trifft im Leben immer die rechte Wahl.

Nach Weisheit Salomos 8, 2.3

16. Februar

Wenn du nicht weißt, was tun,
wenn dir die Richtung fehlt
und alles, was du tust,
dich auch mit Zweifeln quält,
dann wende dich an ihn,
frag nach des Engels Rat,
er wird dir Antwort geben
viel eher als gedacht.

17. Februar

Vom Engel ergriffen, wird auch der Mensch zum Boten, der unvermittelt erscheint und wieder verschwindet:

Ein Engel Gottes sagte zu Philippus: Zieh los Richtung Süden, auf die Straße, die von Jerusalem nach Gaza führt. Und Philippus machte sich auf die Reise.

Da traf er einen hohen Beamten der Königin von Äthiopien, der war in seinem Wagen auf der Rückreise von einer Wallfahrt nach Jerusalem und las im Propheten Jesaja. „Verstehst du auch, was du liest?" fragte ihn Philippus. „Wie sollte ich verstehen, wenn niemand es mir erklärt?" Philippus erzählte ihm von Jesus. Als sie an einer Quelle vorbeikamen, fragte der Beamte: „Spricht etwas dagegen, dass ich getauft werde?" Sie gingen hinunter zum Wasser, und Philippus taufte ihn. Als sie von der Quelle hinaufstiegen, verschwand Philippus vor den Augen des Mannes, denn der Geist hatte ihn entrückt. Der Äthiopier aber zog frohen Mutes in seine Heimat.

Nach Apostelgeschichte 8, 26-39

18. Februar

Ich betete darum und bekam gesagt, was wahr ist,

ich öffnete mich dafür, und es kam der Geist der Weisheit zu mir.

Ich habe die Weisheit lieber gewonnen

als Gesundheit und Schönheit,

denn der Glanz, der von ihr ausgeht, leuchtet beständig.

Zugleich mit ihr ist mir alle Gute zugefallen,

denn in ihren Händen ist unermesslicher Reichtum.

Nach Weisheit Salomos 7, 7.10.11

19. Februar

So viele Fragen hast du oder auch nur eine, große,

und niemand kann dir eine Antwort geben.

Dann geh in dich hinein, versenke dich,

such nach dem Weg, der dich auf Bergeshöhe führt.

Geh ihn, steig ruhig auf.

Du kannst dort oben eine Höhle finden, eine Kapelle

oder ein uraltes Haus.

Dann klopfe an, geh mutig durch die Tür.

Ein alter Weiser findet sich darin, auch manchmal eine alte Frau.

Stell deine Frage, stell sie klar und ohne Scheu.

Was du dann hörst, kann deinen künft'gen Weg dir zeigen,

denn aus dem Alten spricht dich Weisheit an vom Uranfang.

Ich bin in ihm, dein Engel als dein geistiger Begleiter.

20. Februar

Strahlend und unsterblich ist die Weisheit,

Leicht gibt sie sich zu erkennen denen, die sie lieben,

und lässt sich von denen finden, die sie suchen.

Wer früh am Morgen nach ihr Ausschau hält,

braucht nicht lange zu suchen,

er findet sie schon vor seiner Tür auf ihn warten.

Nach Weisheit Salomos 6, 12-14

21. Februar

Die Stimme des Auferstandenen – Stimme der Weisheit:

Als du jung warst, hast du auf deine eigene Kraft vertraut
und bist gegangen, wohin du wolltest.
Wenn du aber alt wirst, wirst du lernen, dich führen zu lassen,
und ein anderer wird dir Kraft geben und dich führen,
wohin du von selbst nicht gehen würdest.

Nach Johannes 21, 18

Begleiter

Pietro Perugino (1469 - 1523), Erzengel Raphael mit Tobias

22. Februar

Gott liebt den, der mit der Weisheit vertraut ist.

Sie leuchtet heller als die Sonne,

und ihr Glanz ist schöner als der der Sterne.

Anders als das Licht dieser Welt

leuchtet sie beständig.

Denn die Sonne geht unter,

gegen die Weisheit aber

kommen die Mächte des Dunkels nicht auf.

Nach Weisheit Salomos 7, 28-30

23. Februar

Führung durch den Engel Gottes kann sich in unerwarteten Hindernissen zeigen:

Der große Seher Bileam war auf dem Weg zum König von Moab, um das Volk Israel zu verfluchen. Gott sandte ihm einen Engel auf den Weg, um ihn aufzuhalten. Der Seher sah ihn nicht, aber seine Eselin sah ihn und wich vom Weg ab. In einem Hohlweg drückte sie sich an die Wand, und Bileams Fuß wurde gequetscht. Schließlich legte die Eselin sich einfach mitten auf den Weg. Bileam schlug sie. Da fragte sie ihn: „Was habe ich dir getan, dass du mich schon dreimal geschlagen hast? Bin ich nicht deine Eselin, auf der du seit Jahren geritten bist?" Da endlich sah Bileam vor sich den Engel – er trug ein gezücktes Schwert in der Hand.

Nach 4. Mose 22

24. Februar

Zweigeteilt scheint dir dein Weg,
immer hast du die Wahl.
Gehst du nach rechts oder links –
oft wird das Wählen zu Qual.
Hör dann des Engels Gesang,
er weist dir den Weg der Freude,
denn immer wo Liebe siegt,
glückt dir dein Weg für heute.

25. Februar

Um Führung durch den Schutzengel bitten:

Führe mich, o Herr, und leite

meinen Gang nach deinem Wort,

sei und bleibe du auch heute

mein Beschützer und mein Hort.

Nirgends als bei dir allein

kann ich recht bewahret sein.

Heinrich Albert

26. Februar

Fühlst du dich gestoßen, getreten,

ein Spielball der Mächtigen überall,

dann besinn dich auf deinen Engel,

er meint dich – in jedem Fall.

Stütz dich auf seine Kräfte,

trau seinem leisen Wort.

Dann fühlst du dich frei und sicher

geleitet an jedem Ort.

27. Februar

Führung durch Gottes Engel bedeutet manchmal,
dass man seine Blickrichtung ändern muss:

Jesus wurde vor den Augen der Jünger emporgehoben,
es war, als hätte eine Wolke ihn eingehüllt,
so dass er ihren Blicken entschwand.
Sie standen und schauten der Wolke nach, wie er dahinfuhr.
Da waren auf einmal zwei Männer in weißen Kleidern bei ihnen,
die sagten: Ihr Männer aus Galiläa,
was steht ihr da und starrt zum Himmel?
Wendet euch dem zu, was Jesus euch aufgetragen hat,
bis er wiederkommt.

Nach Apostelgeschichte 1

28. Februar

Manchmal an grauen Tagen,
wenn kein Sonnenstrahl dich erreicht,
möchtest du gleich verzagen
und Resignation dich beschleicht.
Denk dann an deinen Engel
und sein überirdisches Licht.
Er wird dir auch heute sagen,
wie wichtig du ihm bist.

29. Februar

Engelsegen

Ich segne dich mit meinem Rat,

ich segne dich mit der Einsicht, die ich dir gebe.

Du wirst wissen, wohin du gehen sollst,

und du kannst darauf vertrauen,

dass ich immer bei dir bin.

Gott segne dich.

Dritter Brief an meinen Schutzengel

Du heilst mich,
       mein Schutzengel.
Du spielst immer dann, wenn meine Seele unruhig wird.
       Deine Flügel spielen auf den vier Saiten deiner Geige.
Sie erzählen
       von Luft, Feuer, Wasser und Erde,
             von Morgen, Mittag, Abend und Nacht,
       von Frühling, Sommer, Herbst und Winter,
             von Osten, Süden, Westen und Norden.
Ja, tief in mir breitet sich dein Klang aus.
                   Du verwebst die Töne so,
dass meine Melodie im Klang deiner Musik Heimat findet.
Deine Musik ist für mich die heilbringende Seelsorgerin.
             Und wenn ich eine Gänsehaut bekomme,
weiß ich, dass ich mit dir verbunden bin.

Hans-Jürgen Hufeisen

Dazu die Instrumentalmusik auf CD Hufeisen, Mein Schutzengel

März

Du heilst mich

1. März

Engelskraft

Ich bin Gabriel, mein Name bedeutet: Gott ist meine Kraft.
Ich bin das leuchtende Farbenspiel der Blumen,
ich bin der Duft der Blüten im Sonnenlicht.
Ich bin der Glanz der Morgenstunde
und die Kraft des erwachenden Frühlings.
Ich bin das Wehen des sanften Windes
und der Gesang der Nachtigall in der Sommernacht.
Ich bin das Lächeln des Kindes, wenn es die Augen aufschlägt.
Wo ich erscheine, beginnt das Leben neu,
taufrisch wie am Morgen der Schöpfung.
Ich bringe dir die Träume vollkommenen Glücks
und die Ahnung eines neuen Anfangs.
Ich bin der Bote von Erneuerung und Schönheit
und der Vision einer besseren Welt.
Ich bin die kleine Schwester Hoffnung.
Ich bin die Rose, die aufblüht
aus dem geheimen Grund deines Herzens.

2. März

Der Prophet spricht als Bote,
als Engel Gottes:

Rufe mich an,
so will ich dir antworten
und dir Großes
und Unfassbares zeigen,
Zusammenhänge,
die du nicht kennst.
Denn ich bringe Genesung
und Heilung,
ich wirke,
dass sie gesund werden
und es ihnen
an nichts fehlt.

Nach Jeremia 33, 2.6

3. März

Die Prophetenstimme wird zur Engelsstimme:

Der Heilige sprach zu mir: Ich habe die Not des Volkes gesehen, und ich will es heilen, will es leiten und ihm neuen Mut geben, und alle Trauernden sollen getröstet werden.

Nach Jesaja 57, 18

4. März

Krank bist du, in Schmerzen eingeschlossen
und kein Lichtstrahl dringt in deine Nacht.
Doch auch dann kannst du die Augen schließen
und dem Atem lauschen, der dich leben macht.
Kannst das Licht erspüren, das von oben
dich durchdringt, weiß, blau und grün,
und ein wunderbarer Heilungssegen
wird dich sanft und stark durchziehn.

5. März

Das Gebet ist wie ein Engel, der Zutritt hat zu Gott:

Dass wir Gott nicht zwingen, wozu wir wollen, liegt daran,
dass es uns an zwei Dingen gebricht:
Demut aus Herzensgrund und ungestümes Verlangen.
Ich schwöre bei meinem Leben:
Gott vermag alle Dinge in seiner göttlichen Kraft,
aber das vermag er nicht, dass er sich dem Menschen versagt,
der diese beiden Dinge in sich hat.

Meister Eckhart

Im Geist wach sein

Fra Angelico (um 1387 – 1455), Musizierender Engel aus: Tabernakel der Flachshändler

6. März

Im dankbaren Rückblick erscheint Gott wie ein Schutzengel:

Lobe den Heiligen, meine Seele,

besinge mit all deinen Kräften seine Wunder.

Lobe den Heiligen, meine Seele,

und erinnere dich an das, was er dir Gutes getan hat.

Alles was verkehrt war an dir, hat er dir vergeben

und alle deine Wunden geheilt.

Er hat dein Leben schon oft vor dem Untergang bewahrt

und dich in den Glanz

seiner Liebe und Aufmerksamkeit gehüllt.

Nach Psalm 103, 1-4

7. März

Wie der Wind, der mit dem warmen Regen
die grauen Täler grünen macht,
so will ich heute als dein Engel um dich wehen
mit Kraft und Wärme. Über Nacht
hast du vielleicht schon neuen Mut gefunden
und deine Lebensgeister regen sich wie frisches Gras.
Vielleicht entdeckst du bald auch bunte Blumen,
und Frühlingsduft umweht dich, der genas.

8. März

Eine Erscheinung Marias ist der Erscheinung eines Engels ähnlich:

Krank lag ich da; von tiefem Schlaf befangen,
die schmerzgequälten Glieder endlich ruhten,
vom Frost erschöpft und heißen Fiebergluten,
und Todesblässe starrt' auf meinen Wangen.

Da stiegst du, lichtgekrönt und lichtumfangen,
Maria, nieder wie auf Sonnenfluten
zu mir herab. Es sollte nicht verbluten
mein armes Herz in Elend, Qual und Bangen.

O Königin, dir weih ich Lied und Leben,
in deinem Aug seh ich mir Rettung winken,
du gibst mir Heil und süße Hoffnung wieder.

Torquato Tasso, aus: Vision

9. März

Wie eine liebende Mutter abends am Bett ist der Schutzengel:

Schließe mir die Augen beide
mit den lieben Händen zu!
Geht doch alles, was ich leide,
unter deiner Hand zur Ruh.
Und wie leise sich der Schmerz
Well um Welle schlafen leget,
wie der letzte Schlag sich reget,
füllest du mein ganzes Herz.

Theodor Storm

10. März

Engel sind reine Geistwesen,

strahlende Intelligenzen,

starke Willenskräfte,

Feuer der Liebe und der Macht.

Heilig

George Frederick Watts (1817–1904), Der Bewohner im Innersten

11. März

Heilung kann damit beginnen, dass einer entschlossen zupackt:

Als Tobias zum Wasser des Tigris hinabstieg, sprang ein Fisch heraus, der ihn zu verschlingen drohte. „Pack ihn!" rief sein Reisebegleiter ihm zu. Und Tobias fasste ihn und schleuderte ihn ans Ufer. „Schneide den Fisch auf, nimm Herz, Leber und Galle heraus und hebe sie gut auf", gebot der Mann, der ein Engel war. Und als die Zeit dafür gekommen war, heilte Tobias auf Befehl des Engels mit der Leber des Fisches seine Braut und mit der Galle seinen Vater.

Nach Tobit 6

12. März

Gott erklärt sich selbst zum Schutzengel:

Weil er mir vertraut,
will ich ihn retten.
Er ruft mich an,
und ich erhöre ihn,
ich bin bei ihm in seiner Not,
reiße ihn heraus
und stehe ihm bei,
so dass er sich wieder
aufrichten kann und frei ist.

Nach Psalm 91, 14.15

13. März

Lob der Engelskraft:

O heilende Kraft, die sich Bahn bricht!

Alles durchdringst du

in Höhen, auf Erden, in den Abgründen all,

Du fügest und schließest alles in eins.

Durch dich fluten die Wolken, fliegen auf die Lüfte!

Die Steine träufeln von Saft,

die Quellen sprudeln ihre Bäche hervor,

durch dich quillt aus der Erde das erfrischende Grün!

Du führest auch meinen Geist ins Weite,

wehest Weisheit ins Leben

und mit der Weisheit die Freude!

Nach Hildegard von Bingen

14. März

Stille ist der Anfang meiner Wunder.

Stille, die du selbst dir auserwählst.

Wenn du schweigst, dann kann ich zu dir sprechen,

wenn du nichts mehr willst, komm ich zu dir.

15. März

Viele Psalmen sind Danklieder für die Hilfe von Engeln:

Wer krank war in seiner Ratlosigkeit

und geplagt war von seinen Irrwegen,

dass ihm schon vor dem Essen ekelte

und er glaubte sterben zu müssen,

der dann um Hilfe schrie,

dem hat der Ewige geholfen.

Er hat ihm einen Engel gesandt,

ihn zu heilen,

und rettete ihn vor dem Untergang.

Nach Psalm 107, 17-20

Reinheit

Simon Marmion (um 1449 - 1489), Chor der Engel (Ausschnitt)

16. März

Was wir wirklich brauchen, müssen wir empfangen,

was uns heilt, kommt aus der andern Welt,

der wir kaum zu trauen wagen,

rings von Fragen nur umstellt.

Unser Engel wartet in der Stille,

freut sich, wenn wir ihn um Heilung bitten,

und bevor wir ihn zu suchen wagen,

ist er schon in unsrer Mitte.

17. März

Wunderbare Rettung – es war, als wäre ein Engel gekommen:

Der Schatten des Todes lag über meinem Leben,

höllische Ängste hatten mich befallen.

Ich war einsam, voller Schmerzen und Sorgen.

Da rief ich zum Heiligen des Himmels:

Ach, rette mein Leben!

Und du, mein Gott, hast mich gerettet,

meine Tränen getrocknet,

mich aus der Sackgasse geleitet.

Ich darf sein vor dir im Lande der Lebenden.

Nach Psalm 116, 3-4, 8-9

18. März

„Wie geht es Ihnen?", fragt der Arzt.

Es geht überhaupt nicht,

und alle Medizin hat keinen Rat.

Nur eine Lösung bleibt:

Frage nach innen,

bestürme den Engel, der bei dir wacht.

Und wär' seine Antwort auch noch so verwegen,

höre auf sie,

denn dein Engel kann Körper und Seele bewegen.

19. März

Apostel, Gesandter, bedeutet etwas ähnliches wie Engel, Bote. Der Geist Gottes treibt beide:

Petrus und Johannes gingen zum Tempel. Vorm Eingang bat ein Lahmer sie um ein Almosen. Petrus befahl: „Sieh uns an! Silber und Gold habe ich keines. Ich gebe dir aber, was ich habe: Im Namen Jesu Christi des Nazoräers, geh!"
Er griff ihn bei der rechten Hand und richtete ihn auf. Und der Lahme sprang auf, ging mit ihnen zum Tempel und lobte Gott.

Nach Apostelgeschichte 3, 3-8

20. März

Heilung wie ein von Gott gesandter Engel:

Gott gilt mein Lied.

Es tut gut, ihn zu loben.

Er heilt mein gebrochenes Herz,

verbindet meine Wunden.

Ihm gefällt der Mensch, der Ehrfurcht hat vor ihm

und auf seine Güte vertaut.

Nach Psalm 147, 1.3.11

Güte → Fr. G.

Vertrauen

Sir Edward Burne-Jones (1833 - 1898), Engel mit Blasinstrument

21. März

Die durchwachten Nächte sind die schlimmsten,

rumgebracht in Schmerzen, Angst und -

ja, dem Wunsch zu sterben.

Und der Tag danach weckt nur zu neuem Schrecken.

Doch selbst dann wacht hinter allen Ecken

dein Engel über dich

und goldner Schein durchfunkelt deine Scherben.

22. März

Als hätte ein Engel vom Himmel geredet:

Gott sagte zu mir:

Ja, ich erlöse dich, damit es dir wohl ergehe.

Ja, ich stehe dir bei, wenn Unheil über dich hereinbricht,

du bist mein Freund.

Nach Jeremia 15, 11

23. März

Zum gefürchteten Todfeind als Heiler gehen – so wird ein Mensch zum Engel:

Saulus lag erblindet in Damaskus. Ein Jünger aus Damaskus namens Ananias hörte eine himmlische Stimme: „Geh in die Gerade Straße und frage nach einem Mann aus Tarsus namens Saulus. Er hat dich im Traum gesehen, wie du gekommen bist und ihm die Hände aufgelegt hast, damit er wieder sehend wird." „Wie soll ich das tun, ich habe viel Böses über ihn gehört." „Geh hin, ich habe ihn erwählt."

Da ging Ananias in die Gerade Straße von Damaskus, wo Saulus aus Tarsus lag und legte ihm die Hände auf: „Lieber Bruder, der dir erschienen ist auf deinem Wege, Jesus, hat mich zu dir gesandt, damit du wieder sehend und mit dem heiligen Geiste erfüllt wirst."

Nach Apostelgeschichte 9, 10-17

24. März

Traditonell ist der 24. März der Tag des Erzengels Gabriel:

Der Engel Gabriel wurde von Gott in die Stadt Nazaret in Galiläa gesandt zu einem jungen Mädchen, das mit Josef verlobt war. Das Mädchen hieß Maria. Gabriel trat auf sie zu: „Sei gegrüßt, du Ausersehene! Gott ist dir nahe." Maria erschrak und überlegte, was dieser Gruß bedeuten sollte. Der Engel sagte: „Fürchte dich nicht, Maria! Gott meint es gut mit dir. Du wirst schwanger werden und einen Sohn bekommen, den sollst du Jesus nennen. Er wird der Heiland sein, und man wird sagen, er sei von Gott gekommen. Gott wird ihn zum Nachfolger auf dem Thron Davids erwählen, und er wird für alle Zeiten der König des Stammes Jakob sein, seine Regentschaft wird niemals enden." Maria fragte den Engel: "Wie soll das geschehen, ich bin doch noch Jungfrau?" Der Engel antwortete: „Heiliger Geist wird über dich kommen, Kraft aus der Höhe wird dich einhüllen wie mit Flügeln, etwas Heiliges wird in dir wachsen, ein Gottessohn." Maria sagte: „Ich bin bereit, Gott zu empfangen, es geschehe, wie du gesagt hast."

Nach Lukas 1, 26-38

Wunder

Leonardo da Vinci (1452 - 1519), Verkündigung (Ausschnitt)

25. März

Wer von Gott gesandt ist, erscheint als Engel des Heils:

Gott hat mich gesandt zu heilen,

die ein gebrochenes Herz haben;

alle Trauernden sollen getröstet werden,

sie werden sich nicht mehr verhüllen,

sondern Festgewänder tragen,

sie werden nicht mehr verzweifeln,

sondern Danklieder singen.

Nach Jesaja 61, 1.3

26. März

Warum das mir, warum muss ich so leiden?

Was hat das Schicksal sich dabei gedacht,

mich wie ein schwarzes Schaf auf bittre Weide treiben?

Es ist so schwer zu fassen, kaum zu glauben,

dass hinter diesem allem eine Weisheit steht,

die dich in Liebe hüllt.

Dein Engel, glaub mir, weiß die Antwort

und er weiß auch, wann dein Elend endet.

27. März

Irische Segenswünsche klingen wie von Engeln übermittelt:

Von jedem Leid sollst du verschont bleiben –
nein, das wünsche ich dir nicht.
Dein künft'ger Weg soll stets nur Rosen für dich tragen –
nein, das wünsche ich dir nicht.
Nie sollst du bitt're Tränen weinen
und niemals sollst du Schmerz erfahren –
nein, auch das wünsche ich dir nicht.

In Tränen kann das Herz geläutert,
im Leid geadelt werden.
Schmerz und Not nehmen es auf
in eine besondere Gemeinschaft,
deren Lächeln dich heilen und segnen wird.

Irischer Segen

28. März

Es geschieht dir, dass ich zu dir komme,

wenn du es am wenigsten gedacht.

Manchmal ist es nur ein Strahl der Sonne,

der dir Liebe bringt nach einer langen Nacht.

29. März

Wie ein strahlender Engel, der Licht bringt und Freude, spricht Jesus in Nazaret:

Der Geist Gottes ist in mir; er hat mich gesandt, den Leidenden Freude zu bringen, den Gefangenen Befreiung, und eine gute Zeit anzukündigen.

Nach Lukas 4, 18

30. März

Sorge dich nicht, fasse nur Vertrauen.

Unerschöpflich ist des Himmels Macht.

Darauf kannst du setzen, kannst vertrauen,

dass auch dir die Freude wieder lacht.

31. März

Engelsegen

Ich segne die Tiefe, in die Trauer und Schmerz dich führen.

Ich segne den Saphirglanz des blauen Lichts,

das ich dir sende.

Kühle, Klarheit und Kraft durchströme dich

und heile deine brennenden Wunden.

Gott segne dich.

Vierter Brief an meinen Schutzengel

Du schenkst mir ein Lächeln, mein Schutzengel.
Als sechsjähriger Junge bekam ich zu Weihnachten eine kleine Flöte geschenkt. Meine ersten Flötenstunden bekam ich in einem Wald, ich sollte auf meiner neuen Flöte die Laute der Vögel und das Rauschen des Windes in den Bäumen nachahmen. Später musste ich dann täglich Tonleitern und Tongestaltung üben. Das gefiel mir gar nicht. Ich wurde traurig und hatte dann auch wenig Lust dazu.
Bis ich eines Tages ein Lied von dem Engel auf den Feldern kennen lernte. Ich spielte es mit großer Begeisterung.
Die Melodie war so leicht und heiter wie ein ausgelassener Tanz, dass ich anfing, immer mehr Melodien auf der Flöte zu lernen. Erst jetzt entdeckte ich, dass ich nach einem Flötenspiel viel fröhlicher war. Das begann mit der Heiterkeit in dem Lied von dir. Danke für dein Geschenk.

Hans-Jürgen Hufeisen

Dazu die Instrumentalmusik auf CD Hufeisen, Mein Schutzengel

April

Du schenkst mir ein Lächeln

1. April

Engelskraft

Ich bin Uriel, Gott ist mein Licht.
Ich durcheile mit den Strahlen der Sterne das Universum.
Ich erleuchte die Erde,
vor meinem Erscheinen schwinden Schatten und Dunkelheit.
Ich schaffe Leben aus der Nacht.
Ich bin die Heiterkeit und der Humor,
ich bin das weiße Glühen in deinem Geist,
ich bin das Aufblitzen neuer Gedanken,
die Intuition und die göttliche Erleuchtung.
Ich blühe auf in dir wie der Vulkan der Ekstase,
ich durchglühe das Alte und schaffe Raum für das Neue.
Ich bin die Gegenwart des Himmels in dir,
die Leichtigkeit des Seins,
das Lachen neuschaffenden Geistes.
Ich nehme mich leicht,
und wer sich leicht nimmt, dem wachsen Flügel aus Licht.

2. April

Meine Blume lacht ganz leise,

wenn die Knospe sich mir öffnet.

Sie wird Pflanzen, Tieren, Menschen

blühen, duften und erzählen

von dem Frieden, den wir brauchen,

um zu singen wie ein Vogel:

Allen soll das Leben blühen!

Hans-Jürgen Hufeisen

3. April

Hast du dich heut schon leichtgenommen,

hast du schon einmal gelacht?

Ich, dein Schutzengel, bin dir nah

in jeder Stunde, die du für ein Lächeln übrig hast.

4. April

Darf man lachen, wenn Engel reden? Sara hat gelacht, ob erlaubt oder nicht, und vielleicht bekam sie gerade deshalb ihren Sohn:

Viele lange Jahre schon hatten Abraham und Sara vergeblich auf den verheißenen Sohn gewartet. Eines Tages bekam Abraham Besuch von drei Männern, die aber Engel Gottes waren. „In einem Jahr", sagten die drei Engel zu ihm, „wird deine Frau Sara einen Sohn haben." Sara stand am Eingang des Zeltes und hörte das. Und da sie nicht mehr in gebärfähigem Alter war, lachte sie: „Nun, wo ich schon lauter Falten habe, soll ich Liebeslust erleben?"

Nach 1. Mose 18

5. April

Im Grunde hat jeder Mensch Flügel wie ein Engel.
Es gibt Augenblicke, da wachsen ihm Flügel,
er fühlt sich leicht und mit dem Ewigen verbunden,
als sei er selbst ein Bote Gottes für die Erde.

Helfer

Martin Feuerstein, Verkündigung

6. April

Der Zufall ist
die Methode des Engels,
unauffällig
ein Wunder zu tun.

7. April

Das Jesuswort über den Schutzengel:

Achtet darauf, dass ihr keinen dieser Kleinen verachtet, denn jeder Mensch hat einen Engel, und sein Engel schaut jederzeit Gottes Angesicht.

Nach Matthäus 18, 19

8. April

Weißt du noch, wie's war in deinen Kindertagen,

als du unbefangen noch mit mir gesprochen?

Deine Freundin war ich,

dein geheimer Freund,

und wir haben uns im Garten oft getroffen.

Selig warst du,

wenn in stillen Stunden

wir Geheimnisse getauscht.

Sei doch heute wieder einmal wie ein Kind,

denn ich freue mich,

wenn du mir, deinem Engel, lauschst.

9. April

Setz dich in einer stillen Stunde hin

und achte auf den Atem, der dich trägt.

Blick in das Dunkel,

atme tief

und lasse dich von deinem Rhythmus tragen.

Auf einmal kannst du sehn:

Aus deinem Schoß wächst auf

ein grüner Keim,

entfaltet sich dann eine weiße Blüte.

Nie hättest du gedacht, dass dieses Licht in dir erblüht.

Ganz rein und kindlich lächelt es dich an:

Ich bin's, dein Engel, der so in dir lebt:

geheimnisvolles Leuchten aus dem tiefsten Sein.

10. April

Wenn ihnen Musik vorgespielt wird, die sie mögen,
ranken Pflanzen sich der Quelle der Töne entgegen.
Wenn die Sonne auf die Knospen scheint,
öffnen sich die Zweige und es springen Blüten auf.
Streck du dich wie die Pflanze aus nach dem,
was sich gut anfühlt und gut klingt.
Ich, dein Engel, bin in diesem Klang,
ich bin in diesen Strahlen und komme gern zu dir,
du brauchst dazu nicht mehr
als die natürliche Intelligenz einer Pflanze.

11. April

Ich bin das Aufflammen deiner Kraft.

Ich bin das Glücksgefühl in dir.

Ich bin deine Inspiration.

Ich bin ein schöner Traum in der Nacht.

Ich bin die Stimme, die zu dir spricht, –

Warum meinst du, du habest mich, deinen Engel,

noch nie gesehen?

12. April

Auch du kannst Wunder wirken,

verbünde dich nur mit mir.

Wenn Gott es will, wird es glücken,

vertraue nur deinem Gespür.

Denn was dir im Alltag zu schwer ist,

für einen Engel ist es ganz leicht.

Wir sind Experten für Wunder,

denn die Liebe wirkt sternenweit.

Drum gib nicht auf zu hoffen

du brauchst nur bereit zu sein,

dann fügt sich, was bisher zerstückelt

zum leuchtenden Sternenkleid.

Ausspannen

Ikone: Besuch der drei Männer bei Abraham (Ausschnitt)

13. April

Wer wünschte sich nicht manchmal
Engel, die kräftig zupacken:

Als die Israeliten in der Wüste waren,
zweifelten sie an Gott und fragten:
„Kann er uns hier etwa auch ernähren?"
Aus Zorn über so viel Verzagtheit
hat Gott auf die Felsen eingeschlagen,
dass Quellen hervorbrachen,
er hat den Himmel geöffnet,
dass die Wolken Manna regneten:
Himmelskorn gab er ihnen zu essen,
sie aßen Engelsbrot
und hatten Nahrung in Fülle.

Nach Psalm 78, 19-25

14. April

Weißt du, was deine größte Freude ist?

Es sind nicht die Momente, in denen du etwas geschenkt bekommst,

oder die Augenblicke, in denen du weißt, dass dich jemand liebt.

Deine größte Freude ist,

wenn du dich als stark erlebst, als kreativ und erfolgreich.

Wenn du anderen etwas geben und sein kannst.

Wo diese Freude in dir ist,

bin ich, dein Engel, eins mit dir.

15. April

Wie oft erlebt man – in der Tat,
dass man Glück im Unglück hat –
ja, man ist genau genommen,
grad' noch mal davongekomen.
Und dann heißt es allgemein:
„Mensch, was hat der für ein Schwein!"

Ich bin da ganz and'rer Meinung:
Eine göttliche Erscheinung
ist hier in Aktion getreten
ohne Antrag, ohne Beten:

Eine persönlich zugeteilter,
gegebnenfalls herbeigeeilter
Engel mit dem Namen „Schutz" –
gegen Unfall, Not und Schmutz!

Fred Weyrich

16. April

Nun erhebt sich mir die vage,
sorgenvolle, ernste Frage:
Wie alt kann so ein Engel werden,
bei diesem mühsam,
lobenswerten,
„rund-um-die-Uhr"-
gestressten Job?
Und vor allen Dingen, ob
man sich, ich zweifel's an,
stets auf ihn verlassen kann?

Ich vertrau' ihm zuversichts' –
schriftlich aber hab' ich nichts!
Eines noch beschäftigt mich:
ob er älter wird als ich? –

Und wenn mich einst der Tod
erfasst –,
dann hat er mal nicht
aufgepasst! –

Schutzengel sind zwar
Himmelswesen,
gottbefohlen, handverlesen –
übermenschliche Gestalten!
Dennoch: Irrtum vorbehalten!

Fred Weyrich

17. April

Du kannst mir ruhig manchmal Briefe schreiben.

Ein Liebesbrief, der würde mich echt freu'n.

Denn auch ein Engel hat ja so Gefühle

und möcht' viel öfter nah mit dir verbunden sein.

18. April

Verdrießliche Miene, umwölkter Blick?
Komm, lass dich zum Frohsinn verführen!
Schick die Sorgen in den Winter zurück
und gehe mit mir spazieren.
Erzähl mir Geschichten von glücklichen Tagen,
denk an alles, was dir gelungen ist.
Es gab Augenblicke, in denen ich dich getragen,
Momente des Glücks, die du nie vergisst.
Was uns verbindet, ist die Biographie deiner Freuden,
und ich bleibe auch weiter an deiner Seit'.
Es ist noch viel Schönes im Morgen verborgen,
drum freu dich schon heute und mach dich bereit.

Leicht werden

Simone Martini (1315 – 1344), Verkündigung (Ausschnitt)

19. April

Die Engel im Himmel freuen sich
über jeden Menschen,
der seinen Sinn ändert
und sich daran erinnert,
dass er ein Gotteskind ist.

Nach Lukas 15, 10

20. April

Weißt du noch, wie du als Kind im Grase saßest,

still vergnügt die bunten Blumen um dich her geschaut?

Wie du rings um dich das andere vergaßest,

ganz versunken in das Himmelsblau?

Einen solchen Augenblick wünsch ich dir heute,

selig wie als Kind möcht' ich dich gerne sehn

denn in solchen Augenblicken kannst du

deinen Engel hören und verstehn.

21. April

Von Papst Johannes XXIII. wird erzählt:

Bei ihm beklagte sich ein neuernannter Bischof,
das neue Amt sei so schwer, dass er nicht schlafen könne.
„O", lächelte Papst Johannes, „mir ging es in den ersten Wochen
meines Pontifikats genauso.
Aber da sah ich einmal im Traum meinen Schutzengel,
der sagte zu mir:
‚Giovanni, nimm dich nicht so wichtig!'
Seitdem kann ich schlafen."

22. April

Ich lade dich

zu einem Spaziergang ein.

Sieh die bunte Wiese,

rieche den Duft der Blumen,

atme die frische Luft,

höre die Vögel singen,

spüre den weichen Boden

und den leisen Wind,

die warmen Sonnenstrahlen.

In allem berühre ich dich.

In allem sage ich zu dir:

Ich bin da.

23. April

Wenn es einen Teufelskreis gibt,

dann gibt es auch einen Engelskreis.

Volker Dürr

# 24. April

Wenn dich Schönes anrührt, bist du mir verbunden.
Schönheit ist die Sprache, die dein Herz erschließt.
Atme sie tief ein, denn sie heilt alle Wunden
und ein Strom von Kraft durch deine Seele fließt.

25. April

Denkst du, dein Engel hat keinen Humor?

Ich hab davon mehr als du glaubst.

Alles ist nur noch halb so schwer,

wenn auch du dir ein Lächeln erlaubst.

26. April

Manchmal, wenn du zu traurig bist,

dann gebrauche ich eine List.

Ich schicke dir Eros auf den Weg,

du weißt schon, den Schelm mit dem Pfeil.

Der trifft dich,

du fühlst dich auf einmal so neu

und lächelst verliebt und bist heil.

Heiterkeit

Raffael (1483 – 1520), Triumph der Galatea (Ausschnitt: Amor)

27. April

Wenn der Himmel lacht und die Erde grünt,

in den Gärten die Blumen erblüh'n,

dann ist's hier auf Erden so schön

wie im himmlischen Paradies.

Dann streif durch die Wiesen

und wandere frei

wie die weißen Wolken im Blau.

Ich bin dann ganz nahe,

und wir wandern zu zweit wie auf der Himmelsau.

28. April

Weißt du, wie ein Lächeln dein Gesicht verschönt?

So kannst du auch neue Freunde finden.

Ein froher Klang bis in den Himmel tönt,

wenn zwei Menschen auf der Erde sich verbinden.

29. April

Es gab schon Momente, da hab ich behände

dich aus den Klauen des Todes geraubt.

Das geschah nicht einfach nur dir zuliebe:

Du wirst einfach noch gebraucht!

30. April

Engelsegen

Der Gott, der zu dir kommen will wie ein Kind,

schenke dir ein Lachen.

Der Gott, der zu dir kommen will wie ein Liebender,

lasse dich erkennen, wie schön du bist.

Der Gott, der zu dir kommt als neue Welt,

möge abwischen all deine Tränen.

Der Gott, der mit dir feiern will,

gebe dir die Kraft, ein Segen zu sein für andere.

Fünfter Brief an meinen Schutzengel

Du tanzt mit meinem schwermütigen Herzen,
mein Schutzengel.
Das ist neu für mich.
Ich dachte, nur fröhliche Herzen können tanzen.
Nun gut, ich gebe dir mein Herz.
Führ es zum Tanze aus.
Zeige meinem Herzen die großartigen Tänze
der himmlischen Seraphim.
Nun flieg schon mit, mein Herz
und komm nicht zu spät nach Hause.

Hans-Jürgen Hufeisen

Dazu die Instrumentalmusik auf CD Hufeisen, Mein Schutzengel

Mai

Du tanzt
mit meinem schwermütigen
Herzen

1. Mai

Engelskraft

Wir sind die Seraphim mit den sechs Flügeln.

Wir flammen von göttlichem Feuer,

wir sind schaffende Musik und schöpferischer Tanz.

Die Feuer der Sterne sind unsere Leuchtzeichen

und die Spiralnebel unser Tanzplatz.

Wir brennen im Licht der Sonne

und sprühen Funken durchs All.

Wir tanzen in den Wirbeln des Wassers und der Luft.

Wir spielen im Springen der jungen Böcke und der Delphine.

Freude ist unser Rhythmus und Jubel unser Gesang.

Wir brechen verschlossene Herzen auf

und bringen Bewegung in alles, was starr ist.

Wir sind das Strömen in deinem Blut

und der Herzschlag deines Lebens.

2. Mai

Der Dichter hat die Engel belauscht:

Schläft ein Lied in allen Dingen,

die da träumen fort und fort,

und die Welt hebt an zu singen,

triffst du nur das Zauberwort.

Joseph von Eichendorff

3. Mai

Geheimnisvolles Entgegenkommen:

Die Rechte streckt ich schmerzlich oft

in Harmesnächten

und fühlt gedrückt sie unverhofft

von einer Rechten –

Was Gott ist, wird in Ewigkeit

kein Mensch ergründen,

doch will er treu sich allezeit

mit uns verbünden.

Conrad Ferdinand Meyer

4. Mai

Als du einst das Licht der Welt erblicktest,

hast du zwar laut geschrien,

und doch war dein erster Atemzug: Ja.

Ja zu diesem Leben mit all seinen Mühen,

und so bist du eben da.

Nun gib nicht auf, noch ist es nicht vollendet,

noch schlägt dein Herz, denn du bist hergesendet.

5. Mai

Rings von Feinden umstellt,

von Demütigungen betroffen,

denkst du, jetzt ist's mit mir aus.

Aber dein Engel erinnert

dich an das größere Haus.

Dort bist du niemals verloren,

dort ist deine ganze Gestalt,

als wärest du neu geboren,

geschützt und geehrt und geborgen

in Gottes heiligem Rat.

Gelassenheit

Meister des Hausbuchs (um 1460/1490), Schwebende Engel (Ausschnitt)

6. Mai

Sogar große Propheten brauchen manchmal einen Engel, der sie wieder aufrichtet:

Der Prophet Elia floh vor der Königin Isebel in die Wüste. Dort warf er sich unter einen Busch und wünschte sich den Tod: „Es ist genug, ich kann nicht mehr, ich will nicht mehr." Darüber schlief er ein.

Da kam ein Engel, weckte ihn und sagte: „Steh auf und iss!" Und er fand neben sich frisches Brot und Wasser. Er aß und schlief ein. Da kam der Engel wieder, weckte ihn und befahl: „Aufstehen, essen! Zum Gottesberg musst du gehen."

Nach 1. Könige 19, 3-8

7. Mai

Musik, Seele, Engel und Leben – eine Schwingung:

Gott machte eine Statue aus Ton. Er formte den Ton nach seinem Bilde. Er wollte, dass die Seele in diese Statue eingehe. Aber die Seele wollte nicht gefangen sein. Denn es liegt in ihrer Natur, dass sie fliegend ist und frei. Sie will nicht begrenzt und gebunden sein. Da bat Gott seine Engel Musik zu spielen. Und als die Engel spielten, wurde die Seele ekstatisch bewegt. Sie wollte die Musik noch klarer und unmittelbarer erfahren, und deshalb betrat sie den Körper.

Persische Legende nach Hafiz

8. Mai

Als hätte ein Engel mit ihr getanzt:

Es war ein Sommermorgen, und das Kind, das ich war, war allein durch den Obstgarten hinuntergegangen und kam am Rand des sanft abfallenden Hügels heraus, wo das Gras wuchs und der Wind wehte und ein hoher Baum stand, der sich in die unendliche Weite des blauen Himmels reckte. Nach einer Weile der Stille wurde plötzlich die Erde und der Himmel, der Baum, der wehende Wind, das Gras und das Kind inmitten von alledem miteinander lebendig in einem pulsierenden Licht von Bewusstsein. Ich war in allem anderen und alles andere in mir – und wir alle zusammen eingehüllt in eine warme strahlende Kugel von Lebendigkeit. Ich erinnere mich, wie das Kind nach der Quelle dieses Glücks Ausschau hielt. Und endlich fragte es: Gott? Denn Gott war das einzige Wort der Ehrfurcht, das es kannte. Tief innen vernahm es, wie das leise Tönen einer Glocke die Antwort Gott – Gott. Wie lange dieser unsagbare Augenblick dauerte – ich weiß es nicht. Er zersprang wie eine Seifenblase, als plötzlich ein Vogel sang. Der Wind wehte, die Welt war wie immer und nie mehr ganz so wie vorher.

Mary Austin

9. Mai

Was der Sinn sei dieses Menschenlebens –

viele fragen so und dieses Fragen nimmt kein Ende.

Dabei ist die Antwort so einfach, dass ein Kind sie versteht:

Die Sterne tanzen und die Moleküle,

das Wasser tanzt, die Fische in den Schwärmen,

die Vögel in der Luft, die jungen Tiere auf den Weiden.

Die Engel tanzen und sie singen Gottes Lob.

Was anders sollte der Mensch tun sein Leben lang

als zu tanzen und Gott zu lobsingen

mit Freude und seinem Verstand?

10. Mai

Stell dir vor, ein Strom fließt ohne Ende

aus dem Himmel durch dein ganzes Sein.

Du gebrauchst zwar deine Hände,

doch die Energie dazu, sie ist nicht dein.

Doch du wählst die Ströme, die dir dienen,

du entscheidest, wohin du sie lenkst.

Wählst du gut, dann wirst du lieben,

mächtig ist deine Wahl, nicht was du schenkst.

Freudentanz

Alessandro Botticelli (um 1444/45 - 1510), Heilige Nacht (Ausschnitt)

16. Mai

Wenn ein Tier dich anschaut mit den fremden Augen,
wenn's vertrauensvoll sich an dir reibt,
wenn du zärtlich zu ihm sein kannst
und es manchmal deine Einsamkeit vertreibt,
wenn es gar dich aus Gefahr gerettet,
wieder zu dir findet auf geheimnisvolle Art,
weißt du selbst, dass Gott es dir gesendet
wie einen Engel, der dich liebt und ehrt.
Und wir halten Freundschaft miteinander,
ein Seelenband ist das, ganz stark und zart.

Vision

Maler unbekannt, Schwarz gewandeter Engel

11. Mai

Engelenergien dringen auch in den tiefsten Abgrund:

Hoff, o du arme Seele,

hoff und sei unverzagt!

Gott wird dich aus der Höhle,

da dich der Kummer plagt,

mit großen Gnaden rücken;

erwarte nur die Zeit,

so wirst du schon erblicken

die Sonn der schönsten Freud.

Paul Gerhardt

12. Mai

Wenn dir etwas einfällt, das du machen möchtest,
etwas, was du gut kannst und dich selbst erfreut,
kommt die Energie in dir zum Fließen,
dann vergisst du rings um dich die Zeit.
Lass es strömen, tanze auf den Wellen,
die deine Tun und deine Fantasie in dir erregen.
Jetzt bist du ganz du selbst, und dein Streben
wird selbst zum Tanz, dein Engel trägt dich weit.

13. Mai

Visionen erdrücken den Propheten, und der Engel kommt, um ihn aufzurichten:

Ein furchterregender Widder trat auf, gegen den kein anderes Tier bestehen konnte. Aber ein Ziegenbock mit nur einem Horn kämpfte gegen ihn und zwang ihn zu Boden. Dann brach das Horn des Ziegenbocks, vier neue wuchsen ihm, die rissen die Sterne vom Himmel.

Der Prophet Daniel erschrak und verstand nicht, was diese Vision ihm sagen wollte.

Da rief eine Stimme: „Gabriel, erkläre ihm, was er sah!"

Als der Engel Gabriel auf ihn zukam, erschrak Daniel noch mehr und stürzte zu Boden. Aber der Engel half ihm aufzustehen und erklärte ihm die Bilder, die zeigten, was die Zukunft bringen würde.

Nach Daniel 8, 2-26

14. Mai

Deine Energien sind dir manchmal selbst verborgen,

und die Schwäche drückt dich schwer auf harten Boden.

Trau dich mal, was anderes zu spielen

als die immer gleichen Pflichten zu erfüllen.

Tu mal, was du gern tust, ungehorsam wie ein Kind.

Wenn du das Kind in dir heut einmal spielen lässt,

bin ich dabei, und fröhlich springen wir zu dritt im Kreis,

ganz leicht und bunt.

15. Mai

Wenn du tanzt, dann tust du es aus reiner Freude,

wenn du singst, geschieht es dir aus reiner Lust.

Wenn du betest, hebt auch deine Seele ihre Flügel,

singt und spielt und tanzt ganz unbewusst.

Überlass dich der spontanen Freude,

wunschlos glücklich wie ein frohes Kind,

lass dich füllen mit dem Großen, das da auf dich wartet:

Licht und Glanz und Energie, unendlich ausgedehnt.

Nicht, was du erbittest, ist entscheidend,

denn das ist oft viel zu klein:

reines Glück kann dich erfüllen,

gibst du dein ganzes Herz dem Engel dein.

17. Mai

Glaubst du,

Gott wolle dich strafen

und habe dich abseits gestellt,

hin zu den schwarzen Schafen,

fern seinem Himmelszelt?

Dann lausche

auf Engelsstimmen,

dann höre

die schöne Musik

von ewiger Gnade und Liebe,

die da ist und dich umgibt.

18. Mai

Auf Bildern siehst du,

wie wir Engel nicht nur schweben,

nein, wir tanzen auch, wir sind Gesang.

So auch ich.

Wie ich dich jetzt umgebe,

ist's ein Tanz,

dein ganzes Leben lang.

Sehnsucht

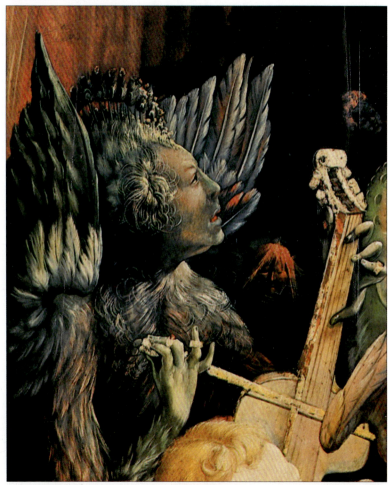

Matthias Grünewald (um 1470/75 - 1528), Engelkonzert (Ausschnitt)

19. Mai

Ach, du fällst so leicht ins schwarze Loch,

das du dir mit schweren Sorgen selbst gegraben.

Komm, ich steh am Rand und helfe dir heraus.

Sieh nach oben in das Licht, das trotzdem scheint.

Stemm dich hoch, gebrauche deine Wut

oder was du sonst an ungeahnten Kräften in dir spürst.

Irgendwas ist da, das du dich nur nicht traust.

Schau, du schaffst es, es ist doch ganz leicht,

ich freu mich drauf, im Licht mit dir zu tanzen.

20. Mai

Als Jesus in der Wüste versucht wurde,

war er bei den Tieren, und Engel schützten ihn.

Nach Markus 1, 13

21. Mai

Du weinst, weil andere leiden?

Wein' nur auch manchmal um dich.

Wenn du deinen wahren Kummer gefunden,

dann ist auch Heilung in Sicht.

Dann wein' ich mit dir deine Tränen,

dann kann ich den Schmerz dir nehmen,

dann stehst du mit mir bald im Licht.

22. Mai

Du trauerst um deine Lieben,
die der Tod dir so früh geraubt.
Du wünschst, sie noch bei dir zu haben
du wolltest sie nicht begraben,
und dein Leben scheint schwer und leer.
Ich bin jetzt an deiner Seite
und zeige dir, was du kaum glaubst:
Der Tod kann die Liebe nicht scheiden,
und was du jetzt musst erleiden,
ist nur ein schmerzlicher Traum.
In der Liebe schwinden die Grenzen
zwischen diesem Leben und dort.
Wo ich bin, da sind deine Lieben
und senden dir Grüße von drüben,
wie Engel, die dir vertraut.

23. Mai

Der du von dem Himmel bist,

alles Leid und Schmerzen stillest,

den, der doppelt elend ist,

doppelt mit Erquickung füllest,

ach, ich bin des Treibens müde!

Was soll all der Schmerz und Lust?

Süßer Friede,

komm, ach komm in meine Brust!

Johann Wolfgang Goethe

24. Mai

Eine stille Freude machte heut mich froh;

eine Blume leuchtete, ein Licht floss irgendwo.

Und plötzlich war ich mir bewusst

des reichen Schatzes aller Lust,

der unverbraucht auf Erden liegt all Enden.

Mir war, ich trüge Gold in vollen Händen

und ging und sagt' es jedem, der begegnet,

und jeder kam und nahm und war gesegnet.

Verfasser unbekannt

25. Mai

Die linden Lüfte sind erwacht,

sie säuseln und weben Tag und Nacht,

sie schaffen an allen Enden.

O frischer Duft, o neuer Klang!

Nun, armes Herze, sei nicht bang!

Nun muss sich alles, alles wenden.

Die Welt wird schöner mit jedem Tag,

Man weiß nicht, was noch werden mag,

das Blühen will nicht enden.

Es blüht das fernste, tiefste Tal;

nun, armes Herz, vergiss der Qual!

Nun muss sich alles, alles wenden!

Ludwig Uhland

Frei sein

Benozo Gozzoli (1420 - 1497), Engel (Ausschnitt)

26. Mai

Auch ein Engel, der gute Botschaft bringt, kann den Menschen erschrecken:

Der alte Priester Zacharias tat seinen Dienst im Tempel am Räucheraltar. Da erschien ihm ein Engel, und er erschrak und fürchtete sich.
„Fürchte dich nicht, Zacharias, dein Gebet ist erhört, deine Frau Elisabeth wird einen Sohn zur Welt bringen, und er wird von Geburt an vom heiligen Geist erfüllt sein."

Nach Lukas 1, 11-15

27. Mai

Das Glück für dich,

Erfüllung deiner Sehnsucht noch in diesem Leben?

Du weist es weit von dir,

als hättest du allein das Elend nur gepachtet.

Doch manchmal kann ich plötzlich vor dir stehn,

mächtig und leuchtend und auf göttlichen Befehl.

Dann bist du dran, dann musst du dich entschließen,

ein offnes Tor zu sein für eine große Ladung Glück,

die in dein Leben einbricht wie ein Feuerschein.

28. Mai

Geist aus der Tiefe, Quelle des Lebens, ich schöpfe dich.

Durchdringe mich mit deiner belebenden Kraft.

Geist aus Gott, Licht aus der Höhe,

durchdringe mich mit deinem Licht, stärke mich.

Geist aus Gott, schütze mich.

Geist aus Gott, weite mich.

Geist aus Gott, öffne mich.

29. Mai

Es war, als hätt' der Himmel
die Erde still geküsst,
dass sie im Blütenschimmer
von ihm nun träumen müsst.

Die Luft ging durch die Felder,
die Ähren wogten sacht,
es rauschten leis die Wälder,
so sternklar war die Nacht.

Und meine Seele spannte
weit ihre Flügel aus,
flog durch die stillen Lande,
als flöge sie nach Haus.

Joseph von Eichendorff

30. Mai

O wunderbares, tiefes Schweigen,
wie einsam ist's noch auf der Welt!
Die Wälder nur sich leise neigen,
als ging der Herr durchs stille Feld.

Ich fühl mich recht wie neu geschaffen,
wo ist die Sorge nun und Not?
Was mich noch gestern wollt erschlaffen,
ich schäm mich des im Morgenrot.

Joseph von Eichendorff, aus: Morgengebet

31. Mai

Engelsegen

Ich segne dich mit dem grünen Feuer in allem Lebendigen.

Ich segne dich mit der Herzkraft des heiligen Grün.

Die Weisheit umhülle dich mit Grünkraft,

damit du zu Barmherzigkeit fähig bist,

und deine Seele für andere ein Tau wird.

Sechster Brief an meinen Schutzengel

Du fängst meine Tränen auf, mein Schutzengel.
　　Dein Gesang vom fließenden Strom,
dem Wasser des Lebens, klingt wie die Pavane Lacrimae,
　　und sie ist mir eine liebende Beschützerin.
Die gebrochenen Töne deines Liedes
　　breiten sich aus zu einer großen Schale.
　　Darin haben all meine Tränen Platz:
　　　die Freudentränen, die Tränen des Schmerzes,
　　　　die Tränen des Leids,
　　die Tränen der Trauer,
　　　die Tränen des Kummers und der Liebe.
　　Und mit jeder Träne, die du auffängst,
　　　　weiß ich mich geborgen.
　　　Trage, mein Schutzengel,
die kostbare Schale zur göttlichen Quelle.

Hans-Jürgen Hufeisen

Dazu die Instrumentalmusik auf CD Hufeisen, Mein Schutzengel

Juni

Du fängst meine Tränen auf

1. Juni

Engelskraft

Ich bin Raphael, Gott heilt.
Ich bin der Engel an deiner Seite bei Tag und bei Nacht,
zu Hause und unterwegs, in Liebeskummer und Krankheit,
in Verlassenheit und Schmerz, in Verfolgung und in Trauer.
im Leben und im Sterben.
Du spürst mich oft nicht, doch ich bin da.
Wohin immer du gehst und dich verirrst, ich bin bei dir.
Ich höre deine Klagen, ich sehe deine Tränen,
ich weiß deinen geheimen Kummer,
ich kenne deine Scham und Schuld.
Ich trage deine Gebete zu Gott.
Ich weiß Auswege aus ausweloser Lage,
ich kenne Heilung von jedem Leiden.
Ich halte und trage dich.
Ich bin nicht dazu da, dir Leid zu ersparen,
sondern dazu, dass du Heilung findest.
Ich bin Bote der höheren Weisheit,
die aus Erfahrung wächst
und dich mit Barmherzigkeit und Liebe auffängt,
so dass auch du barmherzig und voller Liebe wirst.

2. Juni

Der Meister sagt: „Wenn du weinen musst, weine wie ein Kind. Auch du warst einmal ein Kind, und weinen war eins der ersten Dinge, die du in deinem Leben gelernt hast. Denn es gehört zu deinem Leben. Vergiss niemals, dass du frei bist, und dass es nicht peinlich ist, seine Gefühle zu zeigen. Schrei, schluchze heftig, sei laut, wenn dir danach ist – denn so weinen die Kinder, und sie wissen, wie sie ihr Herz schnell beruhigen. Hast du schon einmal bemerkt, wie Kinder aufhören zu weinen? Irgend etwas bringt sie auf andere Gedanken. Irgend etwas lenkt ihre Aufmerksameit auf ein neues Abenteuer. Kinder hören schnell auf zu weinen. So wird es auch bei dir sein – aber nur, wenn du wie ein Kind weinst."

Paulo Coelho

3. Juni

Maria stand vor dem Grab Jesu und weinte. Während sie weinte, beugte sie sich in die Höhle hinein. Da sah sie zwei Engel in weißen Gewändern sitzen, den einen beim Haupt und den anderen bei den Füßen, dort, wo Jesus gelegen hatte. Und sie sagten zu ihr: „Frau, was weinst du?" „Sie haben meinen Meister weggetragen, und ich weiß nicht, wo sie ihn hingebracht haben." Als sie sich umwandte, stand Jesus vor ihr. „Maria"! rief er. Und sie lief ihm entgegen und jubelte: „Rabbuni!"

Nach Johannes 20, 11-16

4. Juni

So sei auch gepriesen,
mein Herr,
für unsere Schwester
die Traurigkeit!

Still
geht sie durch jeden
unserer Tage,
heilt nicht Wunden,
trocknet nicht Tränen,
stillt nicht den Wehlaut,
die Schreie der Angst,
der bittern Verzweiflung.

Doch manchmal
in sternloser Nacht
fällt
ihr von Blut und Tränen
schweres Gewand,
und da steht sie
hellen Gesichts
als der strahlendste
Engel des Lichts.

Clarita Schmid

5. Juni

Deine Tränen sammle ich in einer Schale,
berge sie für dich in einem Schrein.
Eines Tages wirst du diese Schale erben,
und sie wird voll schöner Perlen sein.

6. Juni

Der Schutzengel verbindet sich so nah mit uns,

dass er auf uns eingeht, mit uns mitgeht,

er folgt uns bis in die Abgründe des Lebens.

Denn er kann uns ja nicht von oben oder außen leiten,

sondern nur so, dass er sich auf unser innerstes Wesen einlässt

und teilnimmt an unserem Schicksal.

7. Juni

Du kannst auch selbst ein Engel sein für alle, die dich brauchen,

ein Engel, der sie an den Händen nimmt,

der still und freundlich ihren Kummer lindert,

wenn sie auf ihrem Weg verloren sind.

Du bist es schon, wenn dich die Liebe leitet

und du dich furchtlos auf ihr Leid einstimmst.

Gib ihnen etwas von dem Licht, das dich erheitert,

und von der Hoffnung, dass die Schmerzen enden.

Dann wird für dich und sie sich vieles wenden.

Zärtlichkeit

William Blake (1757 – 1827), Engel über dem Grab Christi wachend (Ausschnitt)

8. Juni

Wie sie nun so voll tiefen Leides in der dritten Nacht saß, an der Stelle, wo ihr Kind gestorben war, tränenmüde und schmerzensmatt bis zur Ohnmacht, da ging leise die Tür auf, und die Mutter schrak zusammen, denn vor ihr stand ihr gestorbenes Kind. Es trug in seinen Händchen ein Krüglein, das war schier übervoll. Und das Kind sprach: „O lieb Mütterlein, weine nicht mehr um mich! Siehe, dieses Krüglein sind deine Tränen, die du um mich vergossen hast; der Engel der Trauer hat sie in dieses Gefäß gesammelt. Wenn du nur noch eine Träne um mich weinest, so wird das Krüglein überfließen, und ich werde keine Ruhe haben im Grabe und keine Seligkeit im Himmel. Darum, lieb Mütterlein, weine nicht mehr um dein Kind, denn dein Kind ist wohlaufgehoben, ist glücklich, und die Engel sind seine Gespielen."

Aus dem Märchen „Das Tränenkrüglein"
von Ludwig Bechstein

9. Juni

Unserem Engel ist es nicht gleichgültig,

was wir tun und erleiden.

Unser Schicksal wird zu seinem.

Wer das bedenkt,

wird mit seinem Engel,

der ebenso zart wie heilig ist,

womöglich anders umgehen.

10. Juni

Schau das Gesicht des Menschen, den du achtest.

Es ist gezeichnet von der Wandlung,

die an ihm geschah.

Es sind die Zeichen von den überwundnen Leiden,

die ihm das menschliche Gesicht verleihen,

gerade dadurch ist er dir als Bruder nah.

Es ist sein Engel, der in seine Züge

seine Spuren eingegraben.

Drum halte still, lass deinen Engel wirken,

auch du wirst eines Tages seine Zeichen tragen.

11. Juni

Aschenputtel nahm das Reis von dem Haselbusch, ging zu seiner Mutter Grab und pflanzte das Reis darauf und weinte so sehr, dass die Tränen darauf niederfielen und es begossen. Es wuchs aber und ward ein schöner Baum. Aschenputtel ging alle Tage dreimal darunter, weinte und betete, und allemal kam ein weißes Vöglein auf den Baum, und wenn es einen Wunsch aussprach, so warf ihm das Vöglein herab, was es sich gewünscht hatte.

Aus dem Märchen „Aschenputtel"
der Brüder Grimm

12. Juni

Du bist ein Geist der Freuden,
von Trauern hältst du nichts,
erleuchtest uns im Leiden
mit deines Trostes Licht.
Ach ja, wie manches Mal
hast du mit süßen Worten
mir aufgetan die Pforten
zum güldnen Freudensaal.

Paul Gerhardt

13. Juni

Ich sehe dich bedrückt und traurig gehn,

wie eingehüllt in deinen Kummer.

Wie gern würd' ich dich wieder fröhlich sehn,

doch kann ich dich schwer wecken aus dem Schlummer.

Ich warte, bis du mich zu dir einlädst,

bis du mir gibst, was dich so schwer betrübt.

Ich tausch' dir all dein Leid in Freude ein,

nur wache auf und lass mich, deinen Engel, bei dir sein.

Herzenstor

Fra Filippo Lippi (um 1406 - 1469), Verkündigung (Ausschnitt)

14. Juni

Kein Gedanke, den du denkst, geht je verloren,
auch dein Leid wird aufgezeichnet sein.
Durch Gottes Segen wird es neu geboren,
der alles wandelt in erlöstes Sein.

# 15. Juni

Wie dir's und andern oft ergehe,
ist ihm wahrlich nicht verborgen;
er sieht und kennet aus der Höhe
der betrübten Herzen Sorgen.
Er zählt den Lauf der heißen Tränen
und fasst zuhauf all unser Sehnen.
Gib dich zufrieden!

Paul Gerhardt

16. Juni

Du fühlst dich einsam und von niemandem verstanden,

dein Herz ist schwer und bis zum Rand gefüllt mit Angst.

Ach, schütt es aus, ich höre dich, ich warte,

ich weiß es immer, wenn du bangst.

Wenn du mich lässt, dann räume ich beiseite,

was dich bedrückt und traurig macht,

dann fülle ich dein Herz mit lauter Freude,

dann sind wir zwei, und leuchtend ist die Nacht.

17. Juni

Der Engel als Geist der Quelle:

Sara war hart zu ihrer Magd Hagar. Da floh Hagar in die Wüste. An einer Wasserquelle kam der Engel Gottes auf sie zu: „Wo willst du hin? Kehre zurück zu deiner Herrin und ertrage ihre Härte. Du wirst einen Sohn bekommen, den sollst du Ismael nennen, und er wird ein starker Mann sein." Hagar nannte den Ort an der Quelle „Gott hat mich angesehen" und kehrte zurück.

Nach 1. Mose 16, 6-13

18. Juni

Noch einmal rettet der Engel der Quelle Hagar und ihren Sohn:

Hagar irrte in der Wüste umher, und als das Wasser alle war, warf sie den Knaben unter einen Strauch; ein paar Schritte weiter sank sie selbst zu Boden: „Ich kann seinen Tod nicht mit ansehen!" Das Kind weinte, und Gott hörte es. Ein Engel Gottes rief Hagar vom Himmel: „Was hast du, Hagar! Fürchte dich nicht, Gott hat das Weinen deines Sohnes gehört. Steh auf und halte ihn fest in deinen Armen, denn er soll viele Nachkommen haben." Und er öffnete ihr die Augen: Da war eine Wasserquelle. Sie füllte ihren Schlauch und gab dem Jungen zu trinken. Und Gott beschützte sie.

Nach 1. Mose 21, 14-19

19. Juni

Geh hinaus in den Wald, in den Garten.

Suche dir einen Baum,

setz dich in seinen Schatten,

schau in sein grünes Laub.

Und willst du den Baum umarmen,

dann tu es und spür seine Kraft.

Ganz leise zeig ich dir das Leben,

das ihn und dich gemacht.

Es atmet im Stamm und den Blättern,

es fließt durch dein eigenes Blut.

Es atmet im Wind und bei Wettern

und es ist gut, immer gut.

20. Juni

Der rettende Engel wie ein Wettersturm:

Gelobt sei Gott! Er hat mich errettet.

Hilflos trieb ich wie in Meereswogen, dem Tode nahe,

Sturzbäche drohten mich zu ertränken,

ich sah mich schon in der Unterwelt

und war verschlungen ins Sterben.

In meiner großen Angst schrie ich zu Gott,

und der Heilige hat mich gehört.

Es war, als schwankte die Erde,

als nahe sich ein Sturm heiligen Zorns, und Blitze sprühten umher.

Gott öffnete den Himmel und kam mit den Wolken herab,

wie die Flügel eines Cherubs brausten die Winde.

Aus dem Glanz kam ein Donner,

und ich wurde ergriffen und herausgerissen aus den Wassern,

er führte mich ins Weite, weil er mich liebt.

Nach Psalm 18, 4-20

21. Juni

Der Engel mit dem ganz besonderen Kelch:

In der Nacht vor seiner Verhaftung war Jesus mit seinen Jüngern zum Ölberg gegangen. Er trennte sich von ihnen ein paar Schritte weit, kniete nieder und betete: „Vater, lass diesen Kelch an mir vorübergehen. Doch nicht mein, sondern dein Wille soll geschehen." Er betete so intensiv, dass ihm der Schweiß ausbrach. Da erschien ihm ein Engel vom Himmel und gab ihm Kraft.

Nach Lukas 22, 39-43

Trost

Sebastiano Ricci (1659 – 1734), Christus am Ölberg (Ausschnitt)

22. Juni

Du siehst deinen Tag an und fragst dich,
warum dein Leben dies schickt:
nur Schmerzen, nur Leiden, kein Ende,
und Trauer, wohin du blickst?
Ich kann dir die Antwort nicht geben,
nicht so, wie du sie willst.
Ich kann nur um dich schweben
und weinen, wenn du weinst.
Doch ich bin in deiner Nähe,
ich lasse dich nicht allein.
Du bist von Liebe umgeben,
und gut wird alles sein.

23. Juni

Du hast seine Augen gesehen,

du hast seine Stimme gehört.

Auf einmal ist es geschehen:

Dieser Mensch ist dir viel wert.

Um ihn scheint ein seltener Zauber,

von ihm geht Macht aus und Kraft.

Er wird dein Leben verändern,

ganz anders als du gedacht.

Das sind so die heimlichem Wunder,

die ich für dich erdacht:

ein Funke in deinem Zunder,

der Leben in dir entfacht.

24. Juni

Ich hab für dich heute am Wege

einen Musiker aufgestellt.

Er spielt sein Lied auf der Geige,

erinnert an das, was dir fehlt.

Die Melodie hat dich ergriffen,

du hast ihm ein Geldstück geschenkt.

Er hat dich dafür gesegnet,

und ich habe über euch beiden

ganz leise die Flügel gesenkt.

25. Juni

Ich, dein Schutzengel, bin bei dir,
wenn du vor Angst zitterst.
Ich bleibe bei dir,
wenn die Menschen dich meiden.
Ich schaue nach dir,
wenn die Leute den Blick von dir wenden.
Ich halte bei dir aus,
wenn deine Nächsten die Geduld mit dir
verloren haben.
Ich weiß, dass du nicht mehr ertragen musst,
als deine Kraft reicht.

26. Juni

Manchmal bin ich auch der Engel der Vergesslichkeit.

Nicht, dass ich dich vergessen würde,

ich schenke dir Vergessen.

Schmerzen vergisst du, wenn sie vorüber sind,

aber auch deinen Kummer kannst du vergessen,

manchmal kannst du über Gewesenes sogar lachen.

Darum breite ich ein Tuch des Vergessens über deine Wunden,

damit du nicht länger weinen musst. Und das ist gut.

Geduld

Fra Angelico (um 1387 – 1455) Musizierender Engel aus: Tabernakel der Flachshändler

27. Juni

Der Engel, der das Gebet erhört:

Im ganzen Land sprach man von Sara: Schön war sie und wohlhabend. Aber wer wollte sie noch zur Frau haben? Siebenmal schon hatte sie geheiratet, aber am Morgen nach der Hochzeitsnacht fand man den Bräutigam jedes Mal tot auf. „Sie muss einen Dämon haben", sagte man von ihr. Die Mägde ihres Vaters schalten sie: „Bist du nicht bei Verstand, dass du deine Männer erwürgst? Schon sieben hast du gehabt, und keinen hast du an dich rangelassen! Niemals wirst du Kinder bekommen!"

Sara hätte sich am liebsten umgebracht, so tief waren ihre Scham und ihre Verzweiflung. Sie wollte das ihren Eltern aber nicht antun, und betete: „Lass mich sterben, Gott, du allein weißt, dass ich nichts Böses getan habe. Wenn du aber willst, dass ich weiterlebe, hilf mir." Der Engel Raphael hat ihr Gebet vor den Heiligen gebracht und wurde zur Erde gesandt, um ihr Schicksal zu wenden.

Nach Tobit 3

28. Juni

Wo kein Mensch mehr nahe ist, ist doch der Schutzengel.

Wenn gar kein einz'ger mehr auf Erden,

dessen Treue du darfst trauen,

als dann will er dein Treuster werden

und zu deinem Besten schauen.

Er weiß dein Leid und heimlich Grämen,

auch weiß er Zeit, dir's abzunehmen.

Gib dich zufrieden!

Paul Gerhardt

29. Juni

Zwischenspiel mit einem Engel:

Ich ruhe still im hohen, grünen Gras
und sende lange meinen Blick nach oben,
von Grillen rings umschwirrt ohn Unterlass,
von Himmelsbläue wundersam umwoben.

Und schöne, weiße Wolken ziehn dahin
durchs tiefe Blau, wie schöne stille Träume; –
mir ist, als ob ich längst gestorben bin
und ziehe selig mit durch ewge Räume.

Hermann Allmers

30. Juni

Engelsegen

Mein Wunsch für dich ist,
• dass du in deinem Herzen
dankbar bewahrst
alle kostbaren Erinnerungen an
dein Leben.

• dass du mutig weitergehst,
wenn ein hartes Kreuz dir die
Schultern drückt
und wenn der hohe Gipfel vor
dir unerreichbar scheint
und selbst das Licht
der Hoffnung schwindet.

• dass die Begabungen,
die Gott dir gab,
in dir wachsen und dir
mit den Jahren helfen,
die Herzen jener
froh zu machen, die du liebst.

• dass du immer
einen wahren Freund hast,
der an dich glaubt,
wenn du die Kraft nicht spürst,
und du dank ihm
den Lebensstürmen standhältst
und dein hohes Ziel erreichst.

• und dass an Leidens- und
an Freudentagen
das Lächeln Gottes mit dir sei,
und du dich ihm
so innig nahe fühlst,
wie er's für dich ersehnt.

Irischer Segen

Siebenter Brief an meinen Schutzengel

Du schützt mich vor Wölfen,
        mein Schutzengel.
           Wie ein Schild umgibt mich dein Flügelschlag.
           Wie bist du so erdennah!
Kraftvoll, klar und scharf sind deine Gedanken,
        wenn du dich vor mich stellst im Spiel deiner Musik.
Ich wusste gar nicht, dass du so laut sein kannst.
              Ich möchte auch himmelsstark sein.
        Kannst du mir das beibringen?
           Denn ich möchte mit dir zusammen kämpfen
für die Freiheit und für den Frieden
        zwischen Himmel und Erde,
    Wolf und Lamm, Freund und Feind

Hans-Jürgen Hufeisen

Dazu die Instrumentalmusik auf CD Hufeisen, Mein Schutzengel

Juli

Du schützt mich vor Wölfen

1. Juli

Engelskraft

Ich bin Michael. Wer ist wie Gott?

Ich bin die Standfestigkeit im Streit,

Ich bin der Mut, wenn alle wanken.

Ich bin die Treue, wenn alle sich verkriechen.

Ich bin der Held, an dem sich die Zaghaften aufrichten.

Ich bin der Wille, der nicht aufgibt.

Ich bin die Klarheit, wenn alles verschwimmt.

Ich bin der rettende Einfall in aussichtsloser Lage.

Ich bin der Unbeugsame, wenn alles vergeblich scheint.

Ich bin der Glaube wider den Augenschein,

Licht in der Dunkelheit, das rettende Ufer im Sturm.

Wo ich erscheine, müssen die Schatten weichen,

wo ich meine Stimme erhebe, verstummen die Spötter.

Ich bin dein Helfer und Beistand in den Stürmen der Zeit.

2. Juli

Wo zwanzig Teufel sind, da sind auch hundert Engel;

wenn das nicht so wäre,

dann wären wir schon längst zugrunde gegangen.

Martin Luther

3. Juli

Trotz dem alten Drachen,
Trotz dem Todesrachen,
Trotz der Furcht dazu!
Tobe, Welt, und springe;
ich steh hier und singe
in gar sichrer Ruh.
Gottes Macht hält mich in Acht,
Erd und Abgrund
muss verstummen,
ob sie noch so brummen.

Weicht, ihr Trauergeister,
denn mein Freudenmeister,
Jesus, tritt herein.
Denen, die Gott lieben,
muss auch ihr Betrüben
lauter Freude sein.
Duld ich schon hier
Spott und Hohn,
dennoch bleibst du
auch im Leide,
Jesu, meine Freude.

Johann Franck

4. Juli

Es hängt auch von deiner Bereitschaft ab,

wie viel dein Schutzengel für dich tun kann.

Er kann dir geben, was du am meisten ersehnst:

Kraft und Kreativität,

Geborgenheit und Geduld,

Schutz vor deinen Ängsten

und Heilung von deinem Leiden.

5. Juli

Wie der Engel den bösen Dämon vertreibt:

Wie der Engel Raphael ihm geraten hatte, nahm Tobias Glut mit ins Brautgemach, legte Herz und Leber des Fisches darauf und räucherte. Als der Dämon das roch, floh er bis ins hinterste Ägypten, und dort hat der Engel ihn gefesselt. Raguel, der Vater der Braut, hatte in der Nacht vorsorglich ein Grab geschaufelt, weil er dachte: „Er ist vermutlich gestorben wie schon die sieben Männer vor ihm." Als er ins Haus zurückkehrte, bat er seine Frau: „Schick eine der Mägde, um nachzusehen, ob er noch lebt. Wenn nicht, wollen wir ihn noch in der Nacht begraben, bevor die Leute etwas davon merken." Als die Magd die Tür öffnete, fand sie aber die beiden friedlich schlafend. Da lobte Raguel Gott und befahl seinen Dienern, das Grab wieder zuzuschütten.

Nach Tobit 8

Kämpfen

Giovanni di Paolo (um 1403 – 1482), Die Vertreibung aus dem Paradies (Ausschnitt)

6. Juli

Da der Sinn, den wir dem Leben geben,

wie ein Schutzengel oder böser Geist unseres Lebenslaufes wirkt,

ist es natürlich von höchster Wichtigkeit, zu verstehen,

wie diese Sinngebungen zustande kommen,

wie sie sich voneinander unterscheiden

und wie sie berichtigt werden können,

wenn sie grobe Fehler enthalten.

Alfred Adler

7. Juli

Engel als Retter aus Lebensgefahr:

Zwei Engel erschienen am Abend vor dem Tor der Stadt Sodom. Lot, für den Abraham gebetet hatte, saß gerade am Eingang des Tores. Als er die fremden Männer sah, erhob er sich, ging ihnen entgegen und verbeugte sich vor ihnen bis zur Erde. „Kommt doch in mein Haus, bleibt über Nacht und wascht eure Füße; morgen früh könnt ihr dann weiterziehen." „Nein, wir wollen draußen bleiben." Aber Lot drängte sie, und schließlich kehrten sie bei ihm ein, und er persönlich bewirtete sie. In der Nacht fragten die Engel Lot nach seinen Verwandten in Sodom. Alle solle er zusammenrufen und aus der Stadt führen. Als die Morgenröte kam, trieben die Engel Lot zur Eile an, ergriffen schließlich selbst die Männer, Frauen und Kinder und führten sie aus Sodom heraus: „Rettet euch! Es geht um euer Leben! Seht nicht zurück, bleibt nirgends stehen, flüchtet euch ins Gebirge, damit ihr nicht umkommt." Und Sodom verbrannte noch am selben Tag.

Nach 1. Mose 19

8. Juli

Dein größter Feind,

du wirst es manchmal wissen,

bist nur du selbst

und was du meinst zu müssen.

Fürchte dich nicht,

denn ich bin auch noch da.

Ich bin in dir und kenne deine Kämpfe,

weiß ganz genau von den Gespenstern,

die dich quälen.

Ich bringe dir die Engelkräfte,

die dich stählen.

Drum habe Mut,

es wird dir doch gelingen ein Sieg,

wenn du dich selber überwindest.

9. Juli

Der Prophet Sacharja erlebt in seiner Vision die Fürbitte eines Engels:

Zwischen Myrtenbäumen ein Mann auf rotbraunem Ross, und hinter ihm viele rotbraune, fuchsrote und weiße Pferde – ein großes feindliches Heer. Der Prophet Sacharja erschrak bei dieser Vision. Da hörte er einen Engel, der Gott anrief: „Wie lange noch willst du dein Volk seinen Feinden überlassen? Hilf ihm doch!" Und Gott antwortete dem Engel freundlich und tröstete ihn. Da sagte der Engel zu Sacharja: „Du kannst dem Volk sagen: Gott will sich euch wieder zuwenden, er wird eure Feinde vertreiben und ihr sollt gesegnet sein und getröstet werden."

Nach Sacharja 1, 7-17

10. Juli

Das unsichtbare Engelheer:

Von dem Propheten Elisa wird erzählt: Der König von Syrien sandte seine Männer aus, um Elisa zu verhaften. Sie umzingelten die Stadt. Am Morgen ging Elisa hinaus vor das Tor, und sein Diener erschrak: Er sah sich von syrischen Rossen und Reitern umstellt. „Was sollen wir nur tun?", fragte er Elisa. Aber der antwortete: „Um uns her sind viel mehr, die uns schützen." Elisa bat Gott, seinem Diener die Augen zu öffnen, und so sah er rings um sich her ein Engelheer wie feurige Rosse und Wagen.

Nach 2. Könige 6, 14-17

Entschlossenheit

Rembrandt van Rijn (um 1606 – 1669), Auferstehung (Ausschnitt)

11. Juli

Die mittelalterliche Vorstellung von der Doppelnatur des Menschen:

„Zwei Engel sind bei dem Menschen", sagte der Hirte, „einer der Gerechtigkeit und einer der Schlechtigkeit." „Wie soll ich ihre Wirkungen erkennen, wenn beide Engel in mir wohnen?" „Der Engel der Gerechtigkeit ist leise und sanft; wenn er sich in deinem Herzen regt, spricht er mit dir über jede gerechte Tat und über das Gute. Der Engel der Schlechtigkeit ist jähzornig, verbittert und wütend. Was er dir rät, ist böse und verführerisch. Wenn er sich in deinem Herzen regt, dann erkennst du ihn daran. Vertraue dem Engel der Gerechtigkeit, und vom Engel der Schlechtigkeit sage dich los."

Nach „Hirt des Hermas", 2. Jahrhundert

12. Juli

Von Jakob, dem Erzvater Israels, wird erzählt, wie er nachts im Fluss mit einem dunklen Engel Gottes kämpfte.

Als Jakob auf der Heimkehr zur Furt des Jabbok kam, sandte er seine Herden mit den Hirten voraus und brachte seine Frauen, ihre Mägde und seine Kinder sicher über den Fluss. Nur er allein blieb zurück. In dieser Nacht kämpfte ein Mann mit ihm bis zum Morgengrauen. Er konnte Jakob nicht besiegen, verrenkte ihm aber das Hüftgelenk. „Lass mich los", bat er dann, „die Morgenröte kommt." Jakob antwortete: „Ich lasse dich nicht los, bevor du mich segnest." „Wie heißt du?" „Jakob." „Du wirst nicht mehr Jakob heißen, sondern Israel, Gottesstreiter, denn du hast mit Gott und mit Menschen gekämpft und hast gesiegt." „Wie heißt du?", fragte Jakob. „Warum fragst du, wie ich heiße?"
Und er segnete ihn.

Nach 1. Mose 32, 22-29

13. Juli

Hier sind die starken Kräfte,
die unerschöpfte Macht.
Das weisen die Geschäfte,
die seine Hand gemacht;
der Himmel und die Erde
mit ihrem ganzen Heer,
der Fisch unzähl'ge Herde
im großen wilden Meer.

Hier sind die treuen Sinnen,
die niemand Unrecht tun,
all denen Gutes gönnen,
die in der Treu beruhn.
Gott hält sein Wort mit Freuden,
und was er spricht, geschicht;
und wer Gewalt muss leiden,
den schützt er im Gericht.

Paul Gerhardt

14. Juli

Ein Engel rettet Abrahams Sohn:

Abraham lud früh am Morgen Lebensmittel für eine mehrtägige Reise auf einen Esel, hackte Holz für ein Brandopfer, nahm seinen Sohn Isaak und zwei Knechte mit und zog mit ihnen zum Berg Moria. Als sie dem Berg nahe kamen, ließ er die Knechte zurück, lud das Holz seinem Sohn auf den Rücken, nahm Feuer und Messer, und so gingen sie weiter. Isaak fragte: „Vater! Ich sehe Feuer und Holz, aber wo ist das Lamm, das du opfern willst?" „Gott wird das Lamm zum Opfer ausersehen."

So zogen sie weiter. An der Opferstätte angekommen, baute Abraham einen Altar, schichtete das Holz darauf, band seinen Sohn Isaak , legte ihn auf das Holz und hob das Messer, um seinem Sohn die Kehle durchzuschneiden. Da hörte er einen Engel vom Himmel: „Abraham, lass ab von dem Jungen und tue ihm nichts!" Er sah auf und sah einen Widder, der sich im Dorngestrüpp verfangen hatte. Da nahm er den Widder und opferte ihn. Und Abraham nannte den Berg von da an „Gottessicht".

Nach 1. Mose 22

15. Juli

Du bist ein Geist der Liebe,

ein Freund der Freundlichkeit,

willst nicht, dass uns betrübe

Zorn, Zank, Hass, Neid und Streit.

Der Feindschaft bist du feind,

willst, dass durch Liebesflammen

sich wieder tun zusammen,

die voller Zwietracht seind.

Paul Gerhardt

16. Juli

Sei stark und verliere nicht den Mut!

Lass dir nicht grauen und fürchte dich nicht!

Denn Gott ist mit dir auf allen deinen Wegen.

Nach Josua 1, 9

17. Juli

Der Kampf im Himmel aus der Vision des Johannes:

Im Himmel entstand ein Kampf, der Erzengel Michael und seine Engel führten Krieg gegen den Drachen, und der Drache und seine Engel kämpften gegen Michael und seine Engel. Sie konnten ihm aber nicht standhalten, und es gab im Himmel keinen Platz mehr für sie. Und der große Drache, die alte Schlange, genannt der Teufel, der den ganzen Erdkreis verführt, wurde aus dem Himmel geworfen und seine Engel mit ihm. Eine laute Stimme verkündete: „Jetzt gehören das Heil und die Macht und das Königtum allein unserem Gott und seinem Christus, denn der Ankläger der Menschen wurde aus dem Himmel geworfen."

Nach Offenbarung 12, 7-10

Klarheit

Hans Pleydenwurff († 1472), Michael tötet den Drachen

18. Juli

Engel retten aus dem Feuer:

Sadrach, Mesach und Abed Nego waren Geiseln am Hofe des Königs Nebukadnezar und von ihm wohl angesehen. Aber sie hatten Neider. Die klagten sie an, dass sie das goldene Götterbild nicht anbeteten, das Nebukadnezar für seinen Gott hatte aufstellen lassen. Der König war zornig und verurteilte sie zum Tod im Feuerofen. Der Ofen wurde angeheizt, die drei Männer samt ihren Kleidern gebunden und hineingeworfen. Der König wollte zusehen, wie die drei verbrannten, und erschrak: „Wir haben doch drei Männer gebunden und in den Ofen geworfen, ich sehe aber vier Männer in den Flammen, sie tragen keine Fesseln, sind nicht verbrannt, und der vierte sieht aus wie ein himmlisches Wesen!" Er rief sie, und die drei Verurteilten kamen aus dem Feuer heraus. Nicht einmal ihr Haar war versengt und kein Brandgeruch haftete an ihnen. Nebukadnezar rief: „Gelobt sei der Gott Sadrachs, Mesachs und Abed-Negos, er hat seinen Engel gesandt und sie gerettet!" Und er ließ nicht zu, dass jemand noch etwas gegen die drei und ihren Gott sagte.

Nach Daniel 3

19. Juli

Wenn in dir finstre Schreckgespenster toben
dunkle Gewalt dich zu ersticken droht,
dann ist mein Schwert des Lichts den Sonnenstrahlen gleich,
die siegreich dunkle Nebel teilen
und verjagen, was dein Leben kränkt und hindert.
Drum rufe mich, wenn's in dir finster ist,
ich bin imstande, als ein Kämpfer für das Licht
dich rauszuhauen aus der Hölle deiner Angst.
Du selbst steh auf, entschließe dich zu kämpfen!

20. Juli

Der Engel der Gefangenen
blickt in die schwarz verhangenen
und leidverschlossnen Seelen.
Er tut sie auf mit milder Hand
und tröstet, wie im Kinderland,
nach seines Herrn Befehlen.

Die von der Welt Entrechteten,
von Menschenhand Geknechteten
ummauert seine Nähe.
Wie groß auch sei der Wächter Macht –
der Engel hält nicht schlechter Wacht,
dass ihnen nichts geschehe.

Der Engel der Gefangenen
geht nicht die viel begangenen
und öffentlichen Pfade.
Ob auch sein Weg verborgen scheint,
ob manches Herz in Sorgen weint –
zuletzt ist alles Gnade.

Erich Klapproth

21. Juli

Du schlägst um dich und legst dich an mit jedem?

Das ist kein Kampfstil, der zum Siege führt.

Dein Atem und die Sammlung deiner innern Kraft –

sie sind es, die den echten Kämpfer stärken.

Besinn dich auf dich selbst, auf das, was du sein willst.

Im Zentrum deiner Kraft bin ich, dein Engel,

ich freue mich, wenn du dich meiner Macht bedienst.

Autorität geht von dir aus, und deine Gegner schweigen.

22. Juli

Jesus hat auf den Beistand eines ganzen Heeres von Engeln verzichtet:

Als die Männer der Tempelwache erschienen, um Jesus zu verhaften, nahm ein Jünger sein Schwert und hieb einem von ihnen das Ohr ab. Jesus wies ihn zurecht: „Stecke dein Schwert ein! Glaubst du nicht, dass ich meinen Vater darum bitten könnte, und er würde mir zwölf Legionen Engel zu meinem Schutz senden? Aber ich verzichte darauf, weil es Gottes Wille ist, dass ich diesen Weg gehe."

Nach Matthäus 26, 47-54

Der gute Einfall

Fra Angelico (um 1387 – 1455) Musizierender Engel aus: Tabernakel der Flachshändler

23. Juli

Martin Luther King, der für die Menschenrechte der Schwarzen eintrat, erzählt von einer Nacht im Gefängnis wie von der Begegnung mit einem Engel:

Meine Worte in mitternächtlicher Stunde sind mir in lebendiger Erinnerung: „Herr, ich glaube, dass ich für eine gerechte Sache kämpfe. Aber jetzt habe ich Angst. Ich habe den Punkt erreicht, wo ich allein es nicht mehr schaffe." In diesem Augenblick erlebte ich die Gegenwart Gottes wie nie zuvor. Ich hörte eine innere Stimme, die sagte: „Steh auf für die Gerechtigkeit! Steh auf für die Wahrheit! Und Gott wird immer an deiner Seite sein!" Fast augenblicklich waren meine Ängste dahin und meine Unsicherheit schwand. Ich war bereit, allem ins Auge zu sehen.

24. Juli

Eine Vision aus der Offenbarung: Gott und seine Engel retten ein Kind und seine Mutter:

Ich sah am Himmel eine Frau, strahlend wie die Sonne war ihr Gewand, der Mond lag ihr zu Füßen, und ihr Haupt schmückte ein Kranz von zwölf Sternen. Sie war schwanger, schrie in Wehen und vom Schmerz der Geburt. Am Himmel erschien ein riesiger feuerroter Drache mit sieben Köpfen mit Kronen und zehn Hörnern. Sein Schwanz fegte ein Drittel der Sterne des Himmels weg und warf sie auf die Erde. Der Drache wartete auf das neugeborene Kind, um es zu verschlingen. Aber als die Frau den Sohn geboren hatte, entrückte Gott es zu seinem Thron, und die Frau floh in die Wüste, wo Gott selbst sie versorgte.

Nach Offenbarung 12, 1- 6. 13-14

25. Juli

Millionenfach kämpft Tag für Tag

ein Heer von Engeln für dein Überleben.

Es vernichtet um den Preis des eignen Lebens

alles, was dich kränken, schwächen und vergiften könnte.

Preise dieses Heer! Lerne von ihm,

dass du das angeborene Recht hast,

für dich selbst zu kämpfen und zu verteidigen, was du bist.

Denn wenn du das nicht willst,

erlahmt auch dieses Heer der weißen Engel in deinem Blut –

es braucht ja deinen Auftrag, deinen Willen –,

und ratlos stehen Ärzte, wenn dein Immunsystem versagt.

Wie mit deinem Blut, so ist es auch mit deiner Seele:

Rufe mich, deinen Schutzengel,

in deinem Auftrag kämpfe ich für dich

und ich bewahre, wer du bist und werden sollst.

26. Juli

Rettung durch Engel aus der Löwengrube:

Daniel, Geisel am Hofe des Königs Darius, diente dem König mit seiner überlegenen Weitsicht, und der König schätzte ihn. Aber Daniel hatte Neider, die ihn loswerden wollten. Sie rieten dem König, ein Gesetz zu erlassen, wonach niemand zu Gott beten, sondern nur den König anrufen sollte, sonst würde er in eine Löwengrube geworfen. Daniel ahnte den Verrat und betete zu seinem Gott. Man verhaftete ihn, brachte ihn vor den König und klagte ihn an: „Nach deinem unwiderruflichen Gesetz muss er in die Löwengrube!" Daniel wurde hineingeworfen und ein Stein über die Grube gelegt. Nach einer durchwachten Nacht, die er fastend verbracht hatte, eilte der König am folgenden Morgen zur Grube und rief nach Daniel. Der begrüßte ihn aus der Löwengrube heraus und sagte: „Mein Gott hat einen Engel gesandt, der hat den Löwen das Maul zugehalten, so dass sie mich nicht gefressen haben, und ich habe dir, mein König, kein Unrecht getan." König Darius war sehr froh, dass Daniel lebte, ließ ihn herausholen und bekannte sich zu dem Gott, der Daniel gerettet und befreit hatte.

Nach Daniel 6

27. Juli

Engelhilfe gegen ein Heer von Dämonen:

Mein Leiden dauert schon so lange, Gott,
und da ist niemand, der mir helfen kann.
Meine Schmerzen sind so furchtbar,
als würden große Stiere mich treten,
meine Angst, als rissen brüllende Löwen den Rachen nach mir auf.
Ich zerfließe wie Wasser, meine Knochen lösen sich auf,
mein Herz ist weich wie Wachs,
mir ist, als deckte mich schon der Staub des Todes.
Ich sehe nur noch Feinde um mich her,
die mich umstellt haben wie bissige Hunde.
Bleib nicht so unsichtbar, so unerreichbar fern!
Du bist doch stark, komm doch endlich, um mich zu retten!
Errette mein Leben vor der Vernichtung,
verjage die Hunde, die nach mir schnappen!
Schütze mich vor dem Rachen der Löwen,
reiße mich fort von den Hörnern der Stiere!
Dann will ich dein Lob singen,
und meine Seele soll für dich leben.

Nach Psalm 22, 12-30

Jubel

Simon Marmion (um 1449 – 1489), Chor der Engel

28. Juli

Engel wachten über das Jesuskind, als es in Gefahr war:

Als Jesus in Bethlehem geboren war, erschien ein Engel Josef im Traum: „Steh auf, fliehe mit dem Kind und seiner Mutter nach Ägypten. Bleibe dort, bis ich dir wieder Nachricht gebe. Denn König Herodes will das Kind ermorden lassen." Da stand Josef mitten in der Nacht auf, nahm das Kind und seine Mutter, und sie zogen nach Ägypten.

Nach Matthäus 2, 13-15

29. Juli

Der Bauernsohn Gideon wird zum Retter seines Volkes berufen:

Eines Tages kam der Engel Gottes und setzte sich unter die Terebinthe in Ophra. Gideon war beim Dreschen, da erschien ihm unter dem Baum der Engel: „Gott ist mit dir, du starker Held!" „Ach", meinte Gideon, „Gott hat uns doch verlassen. Vergangen die Wunder, die er einst für uns tat! Warum sonst sind unsere Feinde so stark, dass sie unsere Felder verwüsten und wir Hunger leiden?" Der Engel sprach: „Du wirst gehen, du wirst die Kraft haben, dein Volk zu retten! Denn ich bin mit dir."

Nach Richter 6, 11-16

30. Juli

Ich lernte vom Engel Michael das Kämpfen:

Meine Augen geschlossen.

Meine Hände ganz still.

Meine Gedanken sind auf das Eine gerichtet:

das Ziel zu begreifen.

Und dann ist es so weit,

nur einen Augenblick von mir entfernt.

Ich bin im Ziel.

Hans-Jürgen Hufeisen

31. Juli

Engelsegen

Ich segne dich mit dem warmen Feuerschein
der Stunden deines Glücks.
Ich segne das rote Glühen deiner Sehnsucht.
Ich segne den leidenschaftlichen Glauben an deine Berufung.
Gott segne dich.

Achter Brief an meinen Schutzengel

Im Traum spielst du die Laute und ich am Tag die Flöte.
                          Mein Schutzengel!
    Oft habe ich dich mit deiner Laute gesehen.
Tausende Abbildungen gibt es von dir in Wohnungen
          und in Büchern. Berühmt bist du.
    Doch nie habe ich dich in einem Konzert spielen gehört,
        außer in meinen Träumen.
      Weißt du, wenn ich Flöte spiele, kann es vorkommen,
dass Töne erklingen, von denen ich nicht weiß, woher sie kommen.
        Sie sind einfach da und wunderschön.
Vielleicht hast du mir die unbekannten Töne im Traum gegeben.
Ich will in meinen Träumen deinem Lautenspiel lauschen.
      Und vielleicht spielen wir eines Tages zusammen
in einer Musik, die mich so leicht macht,
            dass auch ich fliegen kann.

Hans-Jürgen Hufeisen

Dazu die Instrumentalmusik auf CD Hufeisen, Mein Schutzengel

August

Im Traum spielst du die Laute
und ich am Tag die Flöte

1. August

Engelskraft

Ich bin der Engel der Stille

Ich bin die Stille.
Ich sage nichts, und ich tue nichts.
Ich bin da, anwesend wie du.

Ich stehe aufrecht wie ein Baum, gepflanzt an den Wassern,
und in mir klingen Lieder der lautlosen Worte.

Mein Atem ist fließende Ruhe,
und mein Herz schlägt die Trommel der unendlichen Zeit.

Meine Flügel, getragen vom Hauch des heiligen Klanges,
führen und leiten mich.

Göttliches Licht ist mein Kleid.
Und so erhebt sich meine Seele in dir, Mensch,
wie ein schimmerndes Juwel.

Ich bin die Kraft der Leichtigkeit
und bewahre deine Träume.
Ich schweige, schweige und schweige.

Hans-Jürgen Hufeisen

2. August

Die Gottesgnad alleine

steht fest und bleibt in Ewigkeit

bei seiner lieben G'meine,

die steht in seiner Furcht bereit,

die seinen Bund behalten.

Er herrscht im Himmelreich.

Ihr starken Engel, waltet seins Lobs und dient zugleich

dem großen Herrn zu Ehren und treibt sein heiligs Wort!

Mein Seel soll auch vermehren sein Lob an allem Ort.

Johann Gramann

3. August

Großer Gott, wir loben dich;
Herr, wir preisen deine Stärke,
vor dir neigt die Erde sich
und bewundert deine Werke.
Wie du warst vor aller Zeit,
so bleibst du in Ewigkeit.

Alles, was dich preisen kann,
Cherubim und Seraphinen,
stimmen dir ein Loblied an,
alle Engel, die dir dienen,
rufen dir stets ohne Ruh
„Heilig, heilig, heilig!" zu.

Ignaz Franz nach dem Te Deum laudamus

4. August

Es tagt, der Sonne Morgenstrahl
weckt alle Kreatur.
Der Vögel froher Frühchoral
begrüßt des Lichtes Spur.
Es singt und jubelt überall.
Erwacht sind Wald und Flur.

Wem nicht geschenkt ein Stimmelein,
zu singen froh und frei,
mischt doch darum sein Lob darein
mit Gaben mancherlei
und stimmt auf seine Art mit ein,
wie schön der Morgen sei.

Zuletzt erschwingt sich flammengleich
mit Stimmen laut und leis
aus Wald und Feld, aus Bach und Teich,
aus aller Schöpfung Kreis ein Morgenchor,
an Freude reich, zu Gottes Lob und Preis.

Werner Gneist

5. August

Auf Bildern siehst du Engel musizieren,

sie spielen Instrumente oder singen,

zum Ruhme Gottes preisen sie die Heiligkeit des Alls.

Musik ist jene Sprache, die auch mich mit dir verbindet,

und wo du singst und musizierst, bist du mir,

bist du Gott ganz nah.

Musik der Menschen und Musik der Engel

stimmen zusammen zu dem großen Klang,

der dich und mich verbindet

zu dem einen heiligen Liede:

Lob Gott dein ganzes Leben lang.

Träumen

Melozzo da Forlí (1438-1494), Engel mit Laute

6. August

Wer recht in Freuden wandern will,

der geh der Sonn entgegen;

da ist der Wald so kirchenstill,

kein Lüftchen mag sich regen;

noch sind nicht die Lerchen wach,

nur im hohen Gras der Bach

singt leise den Morgensegen.

Die ganze Welt ist wie ein Buch,

darin uns aufgeschrieben

in bunten Zeilen manch ein Spruch,

wie Gott uns treu geblieben;

Wald und Blumen nah und fern

und der helle Morgenstern

sind Zeugen von seinem Lieben.

Emanuel Geibel

7. August

Da zieht die Andacht wie ein Hauch
durch alle Sinnen leise,
da pocht ans Herz die Liebe auch
in ihrer stillen Weise,
pocht und pocht, bis sichs erschließt
und die Lippe überfließt
von lautem, jubelndem Preise.

Und plötzlich lässt die Nachtigall
im Busch ihr Lied erklingen,
in Berg und Tal erwacht der Schall
und will sich aufwärts schwingen;
und der Morgenröte Schein
stimmt in lichter Glut mit ein:
Lasst uns dem Herrn lobsingen!

Emanuel Geibel

8. August

Ein Gebet der Navajo-Indianer:

Glücklich möge ich wandern.

Glücklich mit reichlichen schwarzen Wolken möge ich wandern.

Glücklich mit reichlichem Regen möge ich wandern.

Glücklich mit reichlichen Pflanzen möge ich wandern.

Glücklich auf einem Pfad voller Blütenstaub möge ich wandern.

Glücklich möge ich wandern.

Genau wie in fernen Tagen möge ich heute wandern.

Alles sei schön vor mir.

Alles sei schön hinter mir.

Alles sei schön unter mir.

Alles sei schön über mir.

Alles sei schön um mich herum.

In Schönheit endet dies.

In Schönheit endet dies.

9. August

Komm, Trost der Nacht, o Nachtigall!
Lass deine Stimm' mit Freudenschall
aufs lieblichste erklingen,
komm, komm, und lob den Schöpfer dein,
weil andre Vögel schlafen sein
und nicht mehr mögen singen;
lass dein Stimmlein laut erschallen,
denn vor allen kannst du loben
Gott im Himmel, hoch dort oben.

Obschon hin ist der Sonnenschein
und wir im Finstern müssen sein,
so können wir doch singen
von Gottes Güt' und seiner Macht,
weil uns kann hindern keine Nacht,
sein Loben zu vollbringen.
Drum dein Stimmlein lass erschallen,
denn vor allen kannst du loben
Gott im Himmel, hoch dort oben.

Aus „Des Knaben Wunderhorn"

10. August

Ich möchte ein Lied versuchen,
mein Lied.
Ich möchte dich rühmen,
dessen Stimme ich höre
im Gesang aller Dinge.

Ich möchte ein Licht anzünden,
mein Licht.
Ich möchte dich spiegeln,
dessen Schönheit ich ahne
im Gesang aller Dinge.

Ich möchte ein Wort erfinden,
mein Wort.
Ich möchte dich loben,
dessen Atem ich spüre
im Gesang aller Dinge.

Ich tanze im Kreise der Sterne:
dein Bild.
Ich möchte dir nah sein,
dessen Tommeln mich grüßen
im Gesang aller Dinge.

Harmonie

Fra Angelico (um 1387 – 1455), Engelchor

11. August

Wenn mich Flügel zärtlich streicheln,
weiß ich, daß mein Engel jubelt.
Er wird, über meine Träume
wachend, mit der Laute spielen –
für die Liebe, die wir brauchen,
um zu singen wie ein Vogel:
Allen soll das Leben blühn.

Hans-Jürgen Hufeisen

12. August

Ein Hirt saß bei seiner Herde am Ufer des großes Flusses, der am Rande der Welt fließt. Wenn er Zeit hatte und über den Fluss schaute, spielte er auf seiner Flöte. Eines Abends kam der Tod über den Fluss und sagte: „Ich komme, um dich nach drüben mitzunehmen. Hast du Angst?" „Warum Angst?", fragte der Hirt. „Ich habe immer über den Fluss geschaut, ich weiß, wie es drüben ist." Und als der Tod ihm die Hand auf die Schulter legte, stand er auf und fuhr mit ihm über den Fluss, als wäre nichts. Das andere Ufer war ihm nicht fremd, und die Töne seiner Flöte, die der Wind hinübergetragen hatte, waren schon da.

Legende

13. August

Singt mit, singt mit! Zum neuen Tag
will unser Lied erklingen.
Singt mit, singt mit!
Wer singen mag, soll seine Stimme bringen.
Und alles, was da schlafend lag,
soll Gott sein Loblied singen.

Singt mit! Ich seh im weiten Rund
euch, Sonn und Sterne, kreisen.
Ihr geht nach Jahr und Tag und Stund
den, der euch schuf, zu preisen.
So tanzt im Kreis und tut ihn kund
in unhörbaren Weisen.

Und noch ein Chor: Um Gottes Thron,
ich wills zu glauben wagen,
erklingt der wunderbare Ton
der Himmlischen, die tragen
auf ihrem Haupt die goldne Kron.
So singt denn! Es will tagen.

Jörg Zink

14. August

Kein Schlaf noch kühlt das Auge mir,
dort gehet schon der Tag herfür
an meinem Kammerfenster.
Es wühlet mein verstörter Sinn
noch zwischen Zweifeln her und hin
und schaffet Nachtgespenster.
Ängste, quäle
dich nicht länger, meine Seele!
Freu dich! Schon sind da und dorten
Morgenglocken wach geworden.

Eduard Mörike, In der Frühe

15. August

Unsere Seele ist mit dem ganzen Universum verbunden,

und was sie zusammenhält, ist himmlische Musik.

Die Engel sind Musik.

Das ist wohl die zutreffendste Vorstellung,

die wir uns von ihnen machen können.

Lauschen

Rosso Fiorentino (1494 – 1540), Cherub

16. August

Die Sonne tönt nach alter Weise
in Brudersphären Wettgesang,
und ihre vorgeschriebne Reise
vollendet sie mit Donnerklang.
Ihr Anblick gibt den Engeln Stärke,
wenn keiner sie ergründen mag,
die unbegreiflich hohen Werke
sind herrlich wie am ersten Tag.

Johann Wolfgang Goethe

17. August

Bleibt, ihr Engel, bleibt bei mir!

Führet mich auf beiden Seiten,

dass mein Fuß nicht möge gleiten.

Aber lernt mich auch allhier

euer großes Heilig singen

und dem Höchsten Dank zu bringen.

Aus einer Kantate von Johann Sebastian Bach

18. August

Im leisen, sanften Wehen wie von Engelsflügeln ist Gott:

Vierzig Tage und vierzig Nächte war Elia gewandert, bis er an den Berg Horeb kam. Dort übernachtete er in einer Höhle. „Was tust du hier, Elia?", fragte ihn Gottes Stimme. Elia klagte, alle hätten Gott verlassen, nur er allein habe für ihn gekämpft, und nun wollten sie ihn umbringen. „Geh hinaus und auf den Berg!" Aber ein großer Sturm kam auf, Geröll stürzte von den Bergen, und Gott war nicht in dem Sturm. Danach ein Erdbeben, und Gott war nicht im Erdbeben. Dann brach Feuer aus, und Gott war nicht im Feuer. Nach dem Feuer hörte Elia das Flüstern eines leisen Windes. Da verhüllte er sein Gesicht mit seinem Mantel und kam aus der Höhle heraus.

Nach 1. Könige 19, 8-13.15

19. August

Manchmal, wenn du aufwachst aus dem Schlafe,
fühlst du dich so heiter, so geborgen,
alles, was dir schwer vorkam am vorigen Tage,
wurde einfach weggenommen. Deine Sorgen
sind nun leicht, sind aufgelöst in Licht.

Ich war bei dir in der Nacht im Traum,
habe dir ein schönes Lied gesungen,
das dein Herz und Ohr erreicht.
Und so kannst du heut vertraun,
kannst ein Lied der Freude summen.

20. August

Im Himmel, da weilt ein Geist ohne Fehl,

„des Herz einer Laute gleicht",

keiner singt so wilde hell

wie der Engel Israfil,

und die wirbelnden Sterne, wie auf Befehl,

verstummen und lauschen dem Zauberquell,

seiner Stimme, unerreicht.

Edgar Allan Poe nach dem Koranvers
„Und der Engel Israfil, des Herzfasern eine Laute sind
und der da hat die süßeste Stimme von allen Kreaturen Gottes."

21. August

Hör, es klagt die Flöte wieder,

und die kühlen Brunnen rauschen.

Golden wehn die Töne nieder,

stille, stille, lass uns lauschen!

Holdes Bitten, mild Verlangen,

wie es süß zum Herzen spricht!

Durch die Nacht, die mich umfangen,

blickt zu mir der Töne Licht.

Clemens Brentano

22. August

Ein Mensch, der Musik macht, kann dem anderen zum Engel werden:

Gottes Geist war von König Saul gewichen, und ein böser Geist quälte ihn. Die Leute bei Hof sagten zu ihm: „Befiehl uns doch, nach einem Mann zu suchen, der auf der Laute spielen kann. Wenn dein Sinn verdüstert ist, soll er Musik für dich machen, und es wird dir besser gehen." Ein Diener wusste von dem Sohn Isais von Bethlehem, dass er die Laute spielen könne, dazu ein tapferer Mann sei, wortgewandt und schön, von Gott begnadet. Saul sandte Boten zu Isai: „Schick mir deinen Sohn, den Hirten." So kam David zu Saul, und wenn der böse Geist über ihn kam, griff David zur Laute und spielte für ihn, dann ging es Saul gleich besser, und der böse Geist verließ ihn.

Nach 1. Samuel 16, 14 - 23

Abendstern

Dirk Bouts (um 1410 – 1475), Speisung Elias

23. August

Die Seraphim mit sechs Flügeln, die Brennenden, in der Vision des jungen Jesaja:

Im Allerheiligsten des Tempels war ich. Gott thronte über der Lade, die Säume seines Gewandes füllten den Raum, Saraphe flammten darüber, ein jeder mit sechs Flügeln. Mit zwei Flügeln verhüllte jeder sein Gesicht, mit zweien seine Füße, mit zweien flog er. Einer rief dem anderen zu: „Heilig, heilig, heilig ist der Herr, die ganze Welt ist voll seines Glanzes!" Der Schall dröhnte so laut, dass der Tempel bebte, und alles war voll Rauch. „Ich bin verloren", schrie ich, „denn ich bin nur ein Mensch, meine Lippen sind unrein, und ich gehöre zu einem Volk mit unreinen Lippen!" Ein Saraph flog zu mir, einen glühenden Stein in der Hand, er berührte damit meinen Mund und rief: „Deine Lippen sind nun rein!" Die Stimme vom Thron fragte. „Wen soll ich senden?" Ich gab zur Antwort: „Ich will es, sende mich."

Nach Jesaja 6, 1-8

24. August

Schau in die Abendsonne, in das Spiel der Farben,

die sie im Untergehen an den Himmel malt.

Vernimm die Symphonien, die in diesem Schauspiel wehen,

ich stehe neben dir und zeige dir die Pracht.

Die Schönheit dort soll dich erinnern

an jene größre Welt, die immer da ist, dir nur oft verborgen,

die liebend dich und heilig rings umgibt,

und die dir gestern, heut und morgen

auch immer wieder gern, wo du gefehlt, vergibt.

25. August

„Es ist gut, unserm Gott zu singen", heißt es im Psalm.

Rabbi Elimelech aber sagte:

„Gut ist es, wenn der Mensch bewirkt, dass Gott in ihm singt."

Chassidisch

26. August

Ich bin der Engel, der dir nachts im Traum erscheint.

Mein Flügelschlag ist einmal wolkenschwer

und einmal licht wie feiner Sternenstaub.

Doch jedesmal bin ich ein Bote nur,

zu dir gesandt, um dich dran zu erinnern,

dass für dein armes Ich der ganze Kosmos sorgt,

so weit und reich wie's ganze Sternenheer.

27. August

Wer sich nur einen Blick kann über sich erschwingen,

der kann das Gloria mit Gottes Engeln singen.

Angelus Silesius

Wundersam

Giovanni Bellini (um 1430 - 1516), Maria mit musizierenden Engeln (Ausschnitt)

28. August

Man erzählt sich, der Maggid von Kosnitz habe die Melodie,
die er hinterließ, aus dem Mund der Engel gehört,
die sie zu Gottes Ehren sangen.
Aber einer seiner Schüler sagte, dem sei nicht so,
sondern die Engel hätten sie aus seinem Munde gehört.

Chassidisch

29. August

Als du ein Kind warst, bin ich manches Mal im Traum gekommen

und habe dir den Himmel gern gezeigt.

Eine Schaukel kam von oben her geschwungen,

sie lud dich ein, die Wolken waren schwer und grau.

Doch aus dem Licht dazwischen klang Musik zu dir,

so mächtig, wundersam und heilig,

dass sie dein Leben lang nun weiter in dir klingt.

30. August

Ein Blick in den Himmel, wo der Gesang von Engel erklingt:

Wie durch eine geöffnete Tür schaute ich in den Himmel, und eine Stimme wie eine Posaune rief mich. Einen Thron sah ich, und auf dem Thron eine Gestalt wie ein Jaspis oder Karneol. Ein Regenbogen war über dem Thron, schimmernd wie ein Smaragd. Rings um den Thron vier Wesen voller Augen. Das erste wie ein Löwe, das zweite wie ein junger Stier, das dritte wie ein Mensch, das vierte wie ein Adler. Jedes Wesen hatte sechs Flügel, und sie sangen Tag und Nacht: „Heilig, heilig, heilig ist Gott, der war und der ist und der kommt."

Nach Offenbarung 4, 1-3. 6-8

31. August

Engelsegen

Ich segne dich mit dem Lied,
das in dir erwacht.
Ich segne dich mit dem Klang,
der dich durchdringt.
Ich segne dich mit der Melodie,
die dich froh macht.
Ich bin Gottes Segen für dich.

Neunter Brief an meinen Schutzengel

Du wachst über meine Liebe, mein Schutzengel.
Du sagst nichts und tust nichts.
Du bist einfach da. Anwesend.
Du umgibst mich mit neun Tönen, die sich ständig wiederholen.
Und so gibst du Acht auf die größte Kostbarkeit in mir,
die Liebe.
Wie ein Hauch von unendlicher Ruhe schreiten
die Töne daher,
und in diesem Fluss der Ruhe entfalten sich meine Melodien.
Sie erheben sich zu einem Lied der Zuversicht.
Mein Spiel gewinnt an Feuer und Fantasie.
Und am Ende des Liedes streust du Rosen:
Im Untergang des Klangs ahne ich
die Kostbarkeit allen Lebens.
Du wachst.

Hans-Jürgen Hufeisen

Dazu die Instrumentalmusik auf CD Hufeisen, Mein Schutzengel

September

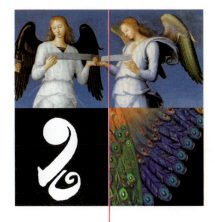

Du wachst über meine Liebe

1. September

Engelskraft

Wir sind die Throne, die Gebete und Gesänge,
über denen Gott wohnt.
»Heilig, heilig, heilig bist du, Gott«,
ist unser ewiger Gesang.
Wir genießen das Einssein mit ihm,
das Ruhen in seiner ewigen Gegenwart,
das Sein in seiner heiligen Vollendung.
Wir sind die Engel der Meditation und der Versenkung,
der Stille und der inneren Einkehr.
Wir singen dir von der ewigen Heimat,
aus der du kommst und auf die du zugehst.
Wir singen dir, dass du geliebt bist
von Anbeginn der Welt bis zu ihrer Vollendung.
Wir singen dir, dass du schon hier
in jedem Augenblick daheim bist in Gottes ewiger Liebe.
Wir singen dir das Lied der Heimkehr
und des Aufgehobenseins in ewiger Schönheit und Harmonie.

2. September

Engelgedanken der Liebe

wachen um dich in der Nacht.

Ist auch dein Sinn voller Trauer,

der Engel weiß anderen Rat.

Er zeigt dir den Weg aus dem Abgrund,

er heilt dein verwundetes Herz,

und wenn du das Lied vernommen,

dann schwinden dein Leid und dein Schmerz.

3. September

Menschen und menschliche Dinge

muss man kennen, um sie zu lieben.

Gott und göttliche Dinge

muss man lieben, um sie zu erkennen.

Blaise Pascal

4. September

Himmlische Erkenntnis:

Alle Dinge haben für uns eine Anziehungskraft
und bereiten uns gleichzeitig eine Enttäuschung.
Sie ziehen uns an, weil sie ein Abglanz Gottes sind,
und enttäuschen uns, weil sie eben nur Abglanz Gottes,
aber nicht Gott selber sind.
Alle Zellen unseres Körpers, alle Partikel unseres Seins
sind hochzeitlich, weil wir für eine Hochzeit geschaffen wurden.
Welche Gabe bringt schon der, der vom Leben enttäuscht ist?
Gott verlangt Jugend und Feuer und Leidenschaft.

Ernesto Cardenal

5. September

Auf Erden gehest du und bist der Erde Geist;
die Erd erkennt dich nicht, die dich mit Blüten preist.

Auf Sonnen stehest du und bist der Sonne Geist;
die Sonn erkennt dich nicht, die dich mit Strahlen preist.

Im Winde wehest du und bist der Lüfte Geist;
die Luft erkennt dich nicht, die dich im Atmen preist.

Auf Wassern gehest du und bist des Wassers Geist;
das Wasser kennt dich nicht, das dich mit Rauschen preist.

Im Herzen stehest du und bist der Liebe Geist;
und dich erkennt das Herz, das dich mit Liebe preist.

Friedrich Rückert

6. September

Und die Lerche singt noch schöner,

wenn mein Herz die Trommel schlägt.

Sie wird Liebeslieder schreiben

in den Bäumen und am Himmel

für die Hoffnung, die wir brauchen,

um zu singen wie ein Vogel:

Allen soll das Leben blühen.

Hans-Jürgen Hufeisen

7. September

Ein Gedanke wie von einem Engel eingegeben:

Wenn unser Herz uns verurteilt,

ist Gott doch größer als unser Herz;

er kennt alles.

Nach 1. Johannes 3, 20

Lobgesang

Pietro Perugino (1469 – 1523), Anbetung des Kindes (Ausschnitt)

8. September

Die Begegnungen des Auferstandenen mit seinen Jüngern sind von ähnlicher Art wie die mit einem Engel:

Als Jesus am Kreuz gestorben war, verließen zwei seiner Jünger Jerusalem und wanderten nach Emmaus. Während sie unterwegs miteinander redeten, ging Jesus mit ihnen, aber sie erkannten ihn nicht. Es war Abend geworden, und die Jünger baten den Fremden: „Bleibe bei uns, denn die Sonne geht unter."

Als er bei ihnen am Tisch saß, nahm er das Brot, sprach das Dankgebet und teilte es unter sie. Da erkannten sie, dass es Jesus war, und zugleich war er nicht mehr zu sehen. Sie standen sofort auf, um noch in der Nacht nach Jerusalem zurückzukehren, und sagten zueinander: War uns nicht warm ums Herz, als er unterwegs mit uns geredet hat?"

Nach Lukas 24, 13-15.28-32

9. September

Das Urbild menschlicher Gastfreundschaft für göttliche Wesen:

Drei Engel sind Abraham eines Tages erschienen bei der Terebinthe in Mamre. Abraham saß in der heißen Mittagsstunde am Eingang seines Zeltes. Als er einmal aufblickte, standen drei Männer vor ihm. Er eilte ihnen entgegen, verneigte sich vor ihnen bis zur Erde und bat: „Geht doch nicht weiter, ich lasse Wasser bringen, damit ihr eure Füße waschen könnt, lagert euch unter dem Baum, ich will auch etwas zu essen holen, damit ihr euch stärken könnt. Danach könnt ihr weiter ziehen."

„Tue, was du gesagt hast", antworteten sie. Abraham eilte ins Zelt zu seiner Frau Sara: „Nimm Mehl, knete Teig, backe Kuchen!" Und er holte ein Kalb und gab es seinem Knecht, es zu schlachten und zuzubereiten. Dann brachte er Sauermilch und frische Milch, setzte seinen Gästen alles vor und bewirtete sie unter dem Baum.

Nach 1. Mose 18

10. September

Vergesst nicht, gastfreundlich zu sein.
Manche haben schon, ohne es zu wissen,
Engel beherbergt.

Nach Hebräer 13, 2

11. September

Alle Gäste, die zum Kloster kommen, werden wie Christus aufgenommen; denn er wird einst sprechen: „Ich war fremd, und ihr habt mich beherbergt." Allen erweise man die ihnen gebührende Ehre, besonders den Glaubensgenossen und den Pilgern. Sobald also ein Gast angemeldet ist, gehen ihm der Obere und die Brüder in vollkommener Erfüllung christlicher Liebespflicht entgegen. Bei der Begrüßung selbst zeige man vor allen Gästen große Demut: Wenn sie kommen und wenn sie gehen, verneige man vor ihnen das Haupt oder werfe sich ganz zur Erde nieder und verehre so in ihnen Christus, den man in ihnen ja auch aufnimmt.

Aus der Ordensregel des Benedikt

12. September

Wenn du liebst, dann ist der Himmel schon in dir.
Nichts trennt dich vom Ewigen im große Kreise.
Erfolge und Taten, sie werden am Ende verwehen,
doch als Liebender singst du die göttlichen Weisen.

13. September

Hast du dir eingestanden, dass du zum Lieben nicht fähig bist,
dann bitte den Engel um Heilung für dein verwundetes Ich.
Zeige ihm deine Armut und öffne dein leeres Herz.
Er vermag es zu weiten, zu heben ins Unendliche, himmelwärts.

14. September

„Die vielen Stufen dieser heilgen Leiter
stieg ich herab so weit, nur dich zu grüßen
mit Worten und dem Licht, das mich umhüllt.

Nicht hieß mich größre Liebe zu dir eilen,
denn gleich' und größre Liebe glüht hier oben,
wie du's erkennst an all der Flammen Leuchten."

Dann sprach die Liebe, die's im Innern trug:
„Das Licht der Gottheit strahlt auf mich hernieder,
durchdringend dieses hier, das mich umhüllt.

Aus ihm entspringt die Lust, mit der ich flamme,
denn meines Feuers Strahlkraft ist so groß,
dass es gleich leuchtend ist, wie was ich schaue."

Dante, aus: Paradiso, 21. Gesang

Einswerden

Ferdinand Bol (1616 - 1680), Jakobs Traum

15. September

Dein Engel hat Geduld mit deinen Tränen,

er hat Geduld mit deiner heißen Wut.

Er wartet, bis dein wildes Sehnen

in einer stillen Stunde ruht.

Dann zeigt er dir, dass deine Liebe

doch nicht vergebens war.

Sie ist das Spiel heftiger Triebe

und auch des göttlichen Planes mit dir.

Das Lieben wirst du hier nur bruchstückhaft erlernen,

es ist die Meisterprüfung dieser Welt,

Die Heiligkeit des Engels wird dein Herz erwärmen,

bis dich bei diesem Lernen etwas Großes heilt.

16. September

Stell dir vor: In einem Buch ist aufgeschrieben,

jeder Tag und jede Stunde, in der du geliebt.

Alles, was du sonst noch hast getrieben,

ist nicht so wichtig, denn was zählt, das ist nur dies.

Wenn du liebst, dann bin ich dir am nächsten,

und ich trage Trauer, wenn du das vergisst.

Als dein Engel möchte ich am liebsten,

dass du immer froh und voller Liebe bist.

17. September

Kann auch ein Mensch des andern auf der Erde
ganz, wie er möchte, sein? –
In langer Nacht bedacht ich mir's und musste sagen: Nein!

So kann ich niemands heißen auf der Erde,
und niemand wäre mein? –
Aus Finsternissen hell in mir aufzückt ein Freudenschein:

Sollt ich mit Gott nicht können sein,
so wie ich möchte, mein und dein?
Was hielte mich, dass ich's nicht heute werde?

Ein süßer Schrecken geht durch mein Gebein!
Mich wundert, dass es mir ein Wunder wollte sein,
Gott selbst zu eigen haben auf der Erde!

Eduard Mörike

18. September

Der Westwind als Engel und Liebesbote:

Ach, um deine feuchten Schwingen,
West, wie sehr ich dich beneide:
Denn du kannst ihm Kunde bringen,
was ich durch die Trennung leide!
                        Die Bewegung deiner Flügel
                        weckt im Busen stilles Sehnen;
                        Blumen, Augen, Wald und Hügel
                        stehn bei deinem Hauch in Tränen.
Doch dein mildes sanftes Wehen
kühlt die wunden Augenlider;
ach, für Leid müsst ich vergehen,
hofft ich nicht, wir sehn uns wieder.
                        Geh denn hin zu meinem Lieben
                        spreche sanft zu seinem Herzen;
                        doch vermeid ihn zu betrüben
                        und verschweig ihm meine Schmerzen.
Sag ihm nur, doch sags bescheiden:
Seine Liebe sei mein Leben,
freudiges Gefühl von beiden
wird mir seine Nähe geben.

Marianne von Willemer

19. September

Einladung an den Engel:

Du bist die Ruh,
der Friede mild,
die Sehnsucht du,
und was sie stillt.

Ich weihe dir
voll Lust und Schmerz
zur Wohnung hier
mein Aug und Herz.

Kehr ein bei mir,
und schließe du
still hinter dir
die Pforten zu.

Treib andern Schmerz
aus dieser Brust!
Voll sei dies Herz
von deiner Lust.

Dies Augenzelt,
von deinem Glanz
allein erhellt,
o füll es ganz!

Friedrich Rückert, Kehr ein bei mir!

20. September

Der Engel ist still,

der Engel ist sanft,

er kleidet sich in das Gewand,

das Gott von ihm heischt;

was Gott ihm befiehlt, das tut er.

Hier ist der Engel!

Er lebt in der Seele des Menschen,

Torheit hat ihn versiegelt,

aber die Liebe bricht das Siegel.

Nikolaj Lesskow

21. September

Der Engel wie die Stimme des Gewissens:

Demnach hast du dich vergebens
meistenteils herumgetrieben;
denn die Summe unsres Lebens
sind die Stunden, wo wir lieben.

Hass, als Minus und vergebens,
wird vom Leben abgeschrieben.
Positiv im Buch des Lebens
steht verzeichnet nur das Lieben.
Ob ein Minus oder Plus
uns verblieben zeigt der Schluss.

Wilhelm Busch

Blühen wie ein Baum

Jan Brueghel d.J. (1601 - 1678), Allegorie des Frühlings (Ausschnitt)

22. September

Innere Wahrheit, engelgleich:

Ich sehe dich in tausend Bildern,
Maria, lieblich ausgedrückt,
doch keins von allen kann dich schildern,
wie meine Seele dich erblickt.

Ich weiß nur, dass der Welt Getümmel
seitdem mir wie ein Traum verweht,
und ein unnennbar süßer Himmel
mir ewig im Gemüte steht.

Novalis

23. September

Wohl endet Tod des Lebens Not,
doch schauert Leben vor dem Tod.

Das Leben sieht die dunkle Hand,
den hellen Kelch nicht, den sie bot.

So schauert vor der Lieb ein Herz,
als wie von Untergang bedroht.

Denn wo die Lieb erwachet, stirbt
das Ich, der dunkele Despot.

Du lass ihn sterben in der Nacht
und atme frei im Morgenrot!

Friedrich Rückert nach Dschelaleddin Rumi

24. September

Wenn ich, von deinem Anschaun tief gestillt,
mich stumm an deinem heilgen Wert vergnüge,
dann hör ich recht die leisen Atemzüge
des Engels, welcher sich in dir verhüllt.

Und ein erstaunt, ein fragend Lächeln quillt
auf meinem Mund, ob mich kein Traum betrüge,
dass nun in dir, zu ewiger Genüge,
mein kühnster Wunsch, mein einzger, sich erfüllt?

Von Tiefe dann zu Tiefen stürzt mein Sinn,
ich höre aus der Gottheit nächtger Ferne
die Quellen des Geschicks melodisch rauschen.

Betäubt kehr ich den Blick nach oben hin,
zum Himmel auf – da lächeln alle Sterne;
ich kniee, ihrem Lichtgesang zu lauschen.

Eduard Mörike

25. September

Ein Engel stimmt einen eifersüchtigen Mann um:

Maria, die mit Josef verlobt war, wurde schwanger, und Josef wusste, dass es nicht von ihm sein konnte. Er wollte zwar ihrem Ruf nicht schaden, nahm sich aber vor, sie heimlich zu verlassen. Während er das überlegte, erschien ihm in der Nacht im Traum ein Engel und sagte: „Josef, scheue dich nicht, Maria zu heiraten, sie ist schwanger durch den heiligen Geist. Sie wird einen Sohn bekommen, den du Jesus nennen sollst, denn er wird sein Volk erretten." Am anderen Morgen tat Josef, was der Engel ihm befohlen hatte.

Nach Matthäus 1,18-21.24

26. September

Er war nicht groß, eher klein, aber sehr schön.

Sein Antlitz war so entflammt,

dass er mir als einer der erhabensten Engel vorkam,

die ganz in Flammen zu stehen scheinen.

In den Händen des mir erschienenen Engels

sah ich einen langen goldenen Pfeil;

an der Spitze seines Eisens schien mir Feuer zu sein;

es kam mir vor, als durchbohrte er mit dem Pfeil

einige Male mein Herz bis ins Innerste,

und wenn er den Pfeil wieder herauszog, war mir,

als zöge er den innersten Teil meines Herzens mit heraus.

Als er mich dann verließ, war ich ganz entzündet

von feuriger Gottesliebe.

Teresa von Avila

27. September

Lass mich der Wächter sein an der Tür deines Herzens,

ein Amulett an deinem Arm, das dich vor allem Bösen schützt.

Denn die Liebe ist stark wie der Tod,

ihre Leidenschaft nimmt es auf mit den Mächten des Verderbens.

Leidenschaftliche Liebe glüht wie Feuer,

sie ist ein leuchtender Flammenstrahl, ausgehend von Gott.

Meeresfluten können die Liebe nicht löschen,

wilde Ströme sie nicht ertränken.

Gäbest du alles, was du hast, für deine Liebe,

wer könnte es wagen, dich deswegen zu verspotten?

Nach Hoheslied 8, 6-7

28. September

Sei du selber – vor allem:
heuchele keine Zuneigung, wo du sie nicht spürst.

Doch denke nicht verächtlich von der Liebe,
wo sie sich wieder regt.
Sie erfährt so viel Entzauberung, erträgt so viel Dürre
und wächst doch voller Ausdauer, immer neu,
wie das Gras.

Aus der Lebensregel von Baltimore

Wahrheit

Rogier van der Weyden (um 1399 - 1464), Jüngstes Gericht (Ausschnitt: Michael)

29. September

Tag des Erzengels Michael:

Michael, heiliger Engel,
so steh uns im Leben zur Seite
und führe auf sicherem Wege
die Seele zum Heile empor!

Aus einer Hymne, 10. Jh.

30. September

Engelsegen

Ich segne dich mit der Liebe, die aus Gott kommt.

Ich segne dich mit der Liebeskraft, die in dir wohnt.

Ich segne jeden Augenblick,

in dem in deinem Herzen die Liebe erwacht.

Ich trage deine Liebe wie ein kostbares Geschenk zum Himmel,

denn sie erhellt das ganze All.

Deine Liebe verbindet dich mit allem, was lebt.

Deine Liebe ist das Heilige in dir, das nie vergeht.

Gott segne dich.

Zehnter Brief an meinen Schutzengel

Du leuchtest mir den Weg in der Nacht, mein Schutzengel.
Kann es sein, dass ich dich schon einmal gesehen habe?
Es war dunkel, und ich musste durch ein Stück Wald gehen.
Ich hatte Angst dabei. Ab und zu sah ich ein ganz
feines Leuchten, wie von einem Glühwürmchen.
Ich wollte es berühren. Doch es war plötzlich weg.
Aber das Gar-klein-Lichtlein gab mir Mut.
Da fing ich an, eine mir vertraute Melodie zu summen.
Ich wusste nicht, warum.
Die Melodie erzählt von dem Engel, der nachts seine Flügel
um mein Bett ausbreitet und mich beschützt.
Wenn ich heute das Lied mit der Flöte spiele,
gehe ich immer noch wie durch einen dunklen Wald,
vor mir das ganz kleine Licht.
Vielleicht war es dein Licht.

Hans-Jürgen Hufeisen

Dazu die Instrumentalmusik auf CD Hufeisen, Mein Schutzengel

Oktober

Du leuchtest mir den Weg
in der Nacht

1. Oktober

Engelskraft

Ich bin der Engel des Lichts.
Glanz ist um mich her, überirdisches Leuchten,
denn ich bin Licht aus Gottes Licht,
Glanz von seinem Glanz.
Ich durchdringe alle Dunkelheiten,
ich erscheine, wo du es nicht erwartest.
Du erschrickst vor dem Licht,
wenn ich mich dir zeige,
und fürchtest dich vor dem Strahlen,
das von mir ausgeht.
Doch du brauchst dich nicht zu fürchten.
Denn mein Licht ist das Licht der Liebe.
Meine Strahlen lassen über dir aufgehen
die Freundlichkeit Gottes.
Nichts kann so dunkel sein,
nichts so verborgen und nichts so finster,
dass ich dich nicht erreiche,
um deinen Weg zu erhellen.

2. Oktober

Nah ist

und schwer zu fassen der Gott.

Wo aber Gefahr ist, wächst

das Rettende auch.

Friedrich Hölderlin

3. Oktober

Die Bibel erzählt von einer Himmelsleiter, auf der Engel auf- und niedersteigen:

Jakob war auf der Flucht und wanderte nach Haran. Eines Abends kam er auf die Höhe Bethel und übernachtete dort. Einen Stein nahm er als Kopfkissen. Er träumte, eine Leiter, deren Spitze den Himmel berührte, reiche bis zu ihm auf die Erde, und Engel stiegen daran auf und nieder. Gott sprach zu ihm: „Ich bin der Gott deines Vaters Abraham und der Gott Isaaks, und das Land, auf dem du ruhst, will ich dir und deinen Nachkommen geben. Ich bin mit dir und will dich behüten auf deinem Weg und werde dich in dieses Land zurückbringen. Ich werde dich nicht verlassen, bis eingetreten ist, was ich dir versprochen habe." Als Jakob aufwachte, sprach er: „Hier ist Gott gegenwärtig, hier ist eine Himmelspforte."

Nach 1. Mose 28, 10-18

4. Oktober

Wer einem Engel begegnet,

besonders in großer Not oder nahe dem Tod,

erzählt immer von einem himmlischem Leuchten.

Es gibt keinen Grund, diesen Glanz

nicht sein ganzes Leben lang wirken zu lassen.

Warum sich ihm nicht gleich heute anvertrauen?

5. Oktober

Engelvision Dantes aus der Göttlichen Komödie:

Und Licht sah ich, das floss als Strom dahin
von flüssgen Funken, zwischen zweien Ufern
im Schmuck der wunderbarsten Frühlingsblumen.

Aus diesem Strome sprühten helle Funken,
die setzten rechts und links sich auf die Blumen
und waren wie Rubin in Gold gefasst.

Dann, von den Düften wie berauscht, versanken
von neuem sie im wunderbaren Strudel,
wenn einer untertaucht, steigt auf ein andrer.

Mein Blick verlor sich in die Weite nicht,
noch in die Höhe, ganz erschloss sich ihm
die Macht und Innigkeit der Himmelsfreude.

Dante, aus: Paradiso, 30. Gesang

Sonne

Joseph Mallord William Turner (1775 – 1851), Der Engel, in der Sonne stehend

6. Oktober

Ungewohnt wie eine Engelbotschaft:

Unsere tiefste Angst ist nicht, dass wir der Sache
nicht gewachsen sind.
Unser tiefste Angst ist, dass wir unermesslich mächtig sind.
Es ist unser Licht, das wir fürchten, nicht unsere Dunkelheit.
Wir fragen uns: Wer bin ich denn eigentlich,
dass ich leuchtend, hinreißend, begnadet
und phantastisch sein darf?

Wer bist du denn, dass du das nicht sein darfst?

Verfasser unbekannt

7. Oktober

Damit der Mensch dem Engel gleiche:

Du bist ein Kind Gottes.
Wenn du dich klein machst, dient das nicht der Welt.
Es hat nichts mit Erleuchtung zu tun, wenn du dich klein machst,
damit andere um dich herum sich nicht verunsichert fühlen.
Du wurdest geboren,
um die Ehre Gottes zu verwirklichen, die in uns ist.
Sie ist nicht nur in einigen von uns – sie ist in jedem Menschen.
Und wenn wir unser Licht erstrahlen lassen,
geben wir unbewusst den anderen Menschen die Erlaubnis,
dasselbe zu tun.

Verfasser unbekannt

8. Oktober

Vertrauen zu unsichtbarer Begleitung:

Wenn ich auch gleich nichts fühle

von deiner Macht,

du führst mich doch zum Ziele

auch durch die Nacht;

so nimm denn meine Hände und führe mich

bis an mein selig Ende und ewiglich.

Julie Hausmann

9. Oktober

Menschen wie Engel:

Es gibt Menschen, die auf Sternen wohnen,
obwohl sie ihren Menschenbrüdern zugesellt.
Sie tragen unsichtbare Kronen,
ein Leuchten ihre Stirn erhellt.

Sie haben Hände, die von Gott gesegnet,
sei streuen edlen Samen aus.
Ein jeder, der dem Leuchten ihrer Stirn begegnet,
findet den Weg zurück in Gottes Haus.

Erwin Brandes

Innere Erleuchtung

Willem Drost (vermutlich), Die Vision Daniels

10. Oktober

Starker Engeltrost:

Als ich am Ufer des Tigris war, sah ich einen Mann, in weiße Leinwand gekleidet und mit einem Gürtel aus purem Gold. Sein Leib war wie der Edelstein Chrysolith, und sein Gesicht leuchtete wie ein Blitz, seine Augen wie Feuerflammen, seine Arme und Beine wie funkelndes Erz, der Klang seiner Worte wie das Tosen von tausend Menschen. Ich erschrak vor der gewaltigen Erscheinung, und vom Klang seiner Stimme wurde ich wie betäubt und sank auf die Erde. Aber eine Hand griff nach mir: „Daniel, du Lieber, achte auf meine Worte. Steh auf, denn ich bin zu dir gesandt worden." Zitternd richtete ich mich auf. „Fürchte dich nicht, Daniel, denn dein Herzenswunsch ist erhört worden, und ich bin zu dir gekommen, damit du erkennst." Mich berührte etwas wie eine Menschenhand, und ich konnte wieder sprechen. Und er berührte mich noch einmal, und meine Kräfte kehrten zurück. „Friede sei mit dir. Sei stark und habe Mut!"

Nach Daniel 10, 4-19

11. Oktober

Manchmal lass ich dich im Dunklen stehen,

zeige dir den Weg nicht und auch nicht das Licht am Ziel.

Du entdeckst dann in der Not erst deine Kräfte,

deinen Abenteuermut und was du wirklich willst.

Dieses Licht in dir ist's, wo ich wohne

als ein Funke, der schon immer glimmt.

Aber manchmal braucht es diese dunkle Stunde,

dass du findest, was dir selbst bestimmt.

12. Oktober

Und am Ende ein Gehen ins Licht:

Wohl das erstaunlichste Element in den von mir durchgearbeiteten Berichten und mit Sicherheit dasjenige, das auf den einzelnen die tiefste Wirkung ausübt, ist die Begegnung mit einem sehr hellen Licht ... Ungeachtet seiner ungewöhnlichen Erscheinungsform hat keiner der Beteiligten auch nur den leisesten Zweifel daran geäußert, dass dieses Licht ein lebendes Wesen sei, ein Lichtwesen. Und nicht nur das: es hat personalen Charakter und besitzt unverkennbar persönliches Gepräge. Unbeschreibliche Liebe und Wärme strömen dem Sterbenden von diesem Wesen her zu. Er fühlt sich davon vollkommen umschlossen und ganz darin aufgenommen; und in der Gegenwart dieses Wesens empfindet er vollkommene Bejahung und Geborgenheit. Er fühlt eine unwiderstehliche, gleichsam magnetische Anziehungskraft von ihm ausgehen. Er wird unausweichlich zu ihm hingezogen.

Raymund A. Moody, aus: Leben nach dem Tod

13. Oktober

Es gibt Augenblicke im Leben,
da blitzt die Einsicht auf,
dass eine höhere Weisheit uns leitet
und eine unendliche Liebe um uns ist.
Was wir dann wahrnehmen, ist unser Schutzengel,
der Engel, der uns ganz persönlich zugesellt ist.

14. Oktober

Ich, dein Schutzengel, kann dir sein, was du ersehnst:

- das, was dich ergänzt, wenn du dich unvollständig fühlst,
- das, was dich über die Enge deines Alltags hinausführt,
- das, was dir Wert gibt, dich adelt,
- das, was dich reinigt von deiner Schuld,
- das, was dir innere Ruhe gibt,
- das, was dir Freiheit eröffnet,
- das, was dir Klarheit bringt über das Rätsel, das du dir selbst bist,
- das, was dich erwärmt und erfreut,
- das, was dir ein Heimatrecht gibt,
- das, was dich verwandelt in den Menschen, der du sein willst.

Erwartung

Rogier van der Weyden (um 1399/1400 - 1464), Verkündigung (Ausschnitt)

15. Oktober

Ein Kranz von leuchtenden Sternen,
der funkelt durch Menschengestalt.
Er kommt wie aus großer Ferne
und ist doch an deiner Seit.
Die freundlichen Weggefährten
erkennst du als Engel im Traum.

Du staunst. Du hast uns gesehen.
Du kannst uns weiter vertraun.

16. Oktober

Wer von Engeln geleitet ist, gibt Segen weiter. Der Segen Jakobs, der den Beinamen Israel verliehen bekam:

„Der Gott, dem meine Väter Abraham und Isaak gefolgt sind, der Gott, der mich ein Leben lang geleitet hat wie ein Hirte, der Engel, der mich aus allen Notlagen gerettet hat, segne euch. Mit euren Namen werden kommende Generationen einander Segen wünschen. Gott aber wird mit euch sein."

Nach 1. Mose 48, 15-16.20

17. Oktober

Der edle Geistführer:

Seinen Geist, den edlen Führer,
gibt Gott mir mit seinem Wort,
dass er werde mein Regierer
durch die Welt zur Himmelspfort;
dass er mir mein Herz erfülle
mit dem hellen Glaubenslicht,
das des Todes Macht zerbricht
und die Hölle selbst macht stille.
Alles Ding währt seine Zeit,
Gottes Lieb in Ewigkeit.

Paul Gerhardt

18. Oktober

Sehen mit inneren Augen:

Du weißt, dass hinter den Wäldern blau
die großen Berge sind.
Und heute nur ist der Himmel grau
und die Erde blind.

Du weißt, dass über den Wolken schwer
die schönen Sterne stehn,
und heute nur ist aus dem goldenen Heer
kein einziger zu sehn.

Und warum glaubst du dann nicht auch,
dass uns die Wolke Welt
nur heute als ein flüchtiger Hauch
die Ewigkeit verstellt?

Eugen Roth

19. Oktober

Zum Engel der letzten Stunde, den wir so hart den Tod nennen, wird uns der weichste, gütigste Engel zugeschickt, damit er gelinde und sanft das niedersinkende Herz des Menschen vom Leben abpflücke und es in warmen Händen und ungedrückt aus der kalten Brust in das hohe wärmende Eden trage. Sein Bruder ist der Engel der ersten Stunde, der den Menschen zweimal küsset, das erste Mal, damit er dieses Leben anfange, das zweite Mal, damit er droben ohne Wunden aufwache und in das andere lächelnd komme, wie in dieses Leben weinend.

Jean Paul

Besonnenheit

Fra Angelico (1387 – 1455), Der Erzengel Gabriel

20. Oktober

Ich leuchte dir, wenn du es nicht erwartest,

wenn du in deinen Dunkelheiten dich verläufst.

Ich komme wie das Licht am Ende eines langen Tunnels,

ein Strahlen, das dich hoffen lässt für heut.

Wenn ich erscheine, wirst du wissen,

dass dies ein Licht ist, das dich nicht enttäuscht.

Denn in dem Glanz, den ich dir nahebringe,

ist Gottes Liebe und ein neuer Geist.

21. Oktober

Wieder mühst du dich, den schweren Stein der Schuld

den Berg des Tages hinaufzuwälzen

und nachts dich damit zuzudecken.

Halte dich und dein Tun doch nicht für so bedeutend,

mach dich nicht so groß mit deiner Schuld!

Lass ihn los, den Stein und diesen Schatten, den er auf dich wirft.

Geh achtsam weiter, sieh auf das Licht, das über dir aufscheint,

versuche nun zu lieben. Das genügt,

und ich will dich auf diesem neuen Weg begleiten.

22. Oktober

Engel der Hoffnung:

Endlich mit der Seufzer Fülle

bricht der Geist durch jede Hülle,

und der Vorhang reißt entzwei.

Wer ermisset dann hinieden,

welch ein Meer von Gottesfrieden

droben ihm bereitet sei?

Jesu, lass zu jenen Höhen

heller stets hinauf uns sehen,

bis die letzte Stunde schlägt,

da auch uns nach treuem Ringen

heim zu dir auf lichten Schwingen

eine Schar der Engel trägt.

Karl Friedrich Hartmannn, aus: Endlich bricht der heiße Tiegel

23. Oktober

Aus dem brennenden Dornbusch spricht der Engel:

Mose hütete auf dem Sinai die Schafe seines Schwiegervaters Jethro. Eines Tages kam er mit der Herde nahe an den Gottesberg, und in einer Feuerflamme erschien ihm der Engel Gottes. Die Flamme kam aus einem Dornbusch heraus, der ganze Busch brannte, wurde aber nicht verbrannt. Mose ging näher heran und wollte sich das Wunder ansehen, da warnte ihn eine Stimme: „Komm nicht näher, zieh erst deine Schuhe aus, denn der Ort, an dem du stehst, ist heilig. Ich bin der Gott deines Vaters, der Gott Abrahams, der Gott Isaaks und der Gott Jakobs." Da verhüllte Mose sein Gesicht, denn er fürchtete sich. Die Stimme sprach: „Ich habe die Not meines Volkes in Ägypten gesehen und bin heruntergestiegen, um es zu retten. Dich will ich zum Pharao senden, damit du das Volk aus Ägypten führst. Und ich werde mit dir sein."

Nach 2. Mose 3, 1-8.12

24. Oktober

Engel spotten militärischer Macht:

Nach dem Tod Jesu gingen die Hohenpriester und Phariäser zu Pilatus: „Befiehl, dass das Grab bewacht wird, damit seine Jünger nicht kommen und ihn stehlen. Denn er hat gesagt, am dritten Tag werde er auferstehen, und die Jünger könnten verbreiten, er sei auferweckt worden und das Volk betrügen." „Ihr sollt eure Wache haben", sagte Pilatus. Sie versiegelten den Stein vor dem Grab, und gemeinsam mit den Soldaten bewachten sie es. Als nach dem Sabbat der Morgen aufleuchtete, kamen Maria aus Magdala und die andere Maria, um nach dem Grab zu sehen. Da bebte die Erde, denn ein Engel Gottes kam aus dem Himmel, trat zum Grab, wälzte den Stein weg und setzte sich darauf. Er funkelte wie ein Blitz, und seine Kleider waren weiß wie Schnee. Aus Furcht zitterten die Wächter und fielen in Ohnmacht. Zu den Frauen gewandt sagte der Engel: „Ihr braucht keine Furcht zu haben, ich weiß, dass ihr Jesus sucht. Hier ist er nicht, er ist auferweckt worden, wie er gesagt hat. Seht nur hinein in das Grab, wo er gelegen hat."

Nach Matthäus 27, 62-66; 28, 1-6

25. Oktober

Der Engel befreit aus dem Gefängnis:

König Herodes ließ Petrus verhaften und bestellte vier Kommandos von je vier Soldaten, um ihn Tag und Nacht zu bewachen. Mit zwei Ketten gefesselt schlief Petrus zwischen zwei Soldaten, und vor der Tür bewachten zwei Wächter das Gefängnis. Die Gemeinde aber betete für Petrus. Da trat in der Nacht ein Engel hinzu, und sein Licht erleuchtete das ganze Gefängnis. Er stieß Petrus in die Seite und weckte ihn: „Steh auf!" Da fielen die Ketten von seinen Händen. „Zieh dich an, binde deine Sandalen an die Füße, nimm deinen Mantel und folge mir!" Petrus gehorchte und wusste nicht, ob er träumte oder wachte. Sie gingen an den Wachen vorbei und kamen an das eiserne Tor, das zur Stadt führte; es öffnete sich von selbst. Der Engel führte ihn nach Jerusalem hinein, und dort verließ er ihn. Als Petrus sich besann, dass er wach war, merkte er, dass Gott ihm einen Engel gesandt hatte, und klopfte an die Tür der Maria, wo die betende Gemeinde versammelt war.

Nach Apostelgeschichte 12, 3-12

Grenzenlos

Rembrandt van Rijn (1606 – 1696), Jakob ringt mit dem Engel

26. Oktober

Du hast eine Mauer in dir
und hältst dich selber gefangen.
Ich komme, um dich zu befrein.
Lass die Fesseln deiner Ängste liegen.
Atme die Kraft Gottes.
Bewege ungeübte Glieder.
Wage den Schritt in die Freiheit.
Ich führe dich.
Du kannst von allem frei sein.
Vertraue mir, deinem Engel,
und du bist ungeteilt.

27. Oktober

Wenn das Licht sich dunkelt
und die Tage nachten,
ist dir oft, als sinke mit dem Herbst das Dunkel
über deine Kräfte, und du bist ermattet.
Denke dran, dass ich dir immer nah bin
mit dem Licht von drüben, das sich nie verschattet.
Rufe mich, ich will dir Antwort geben,
und ich kenne viele Arten, mich zu zeigen.
In den Augen etwa eines Menschen,
der dich anschaut mit dem Glanz, der Liebe sendet.

Wo das Dunkel droht, steht immer auch ein Engel,
der die Finsternis vor dir zerteilt,
so dass sie endet.

28. Oktober

Wieder hält die Trauer dich umfangen,

einsam weinst du wie ein mutterloses Kind.

Dunkel scheint es um dich her, du bist gefangen,

weil, die du geliebt hast, nicht mehr sind.

Still bin ich in diesen Tagen dir zu Seite,

dulde mit dir deinen Schmerz und die Verlassenheit,

wartend, dass der Boden sich in dir bereitet

für ein neues Lieben und Gelassenheit.

Denn ins Licht sind alle aufgehoben,

die dir in den Tod vorausgegangen sind.

Auch du bist in ein Netz von Licht verwoben,

zart gehalten wie im Mutterschoß das Kind.

29. Oktober

Gewalt rings um dich her, als ob Dämonen

die Menschheit in den Klauen hielten Tag für Tag.

Das macht dir Angst, und finster scheint dir deine Zeit.

Doch klage nicht, du musst nicht ängstlich wohnen,

du hast ein helles Licht in dir, das halt bereit.

Wenn du dich umblickst mit dem Licht in deiner Hand,

dann siehst du andre, die wie du dem Dunkel

ihr Licht entgegenhalten Tag für Tag,

und wie ein Engel diese Welt belohnen

mit unerschütterlichem Mut und Freundlichkeit.

30. Oktober

Vertrauen zu einem Engelwort im Traum:

Paulus wurde als Gefangener auf ein Schiff gebracht, das nach Italien segelte. An der Küste von Kreta gerieten sie in ein Unwetter, die Mannschaft konnte das Schiff nicht mehr steuern und musste allen Ballast abwerfen. So trieben sie tagelang hilflos durch den Sturm und die Dunkelheit, sahen weder Sonne, Mond noch Sterne, ohne Hoffnung auf Rettung und ohne Nahrung. Da begann Paulus zu reden und sagte zu den Seeleuten: „Verliert nicht den Mut, keiner von euch wird umkommen, nur das Schiff wird nicht zu retten sein. In dieser Nacht kam ein Engel Gottes zu mir, und er hat mir versprochen, dass ich nach Rom gelangen werde und dass er mir das Leben aller auf dem Schiff schenkt. Darum gebt nicht auf, denn ich vertraue auf das Wort meines Gottes, wir werden bald auf eine Insel auflaufen und gerettet sein."

Nach Apostelgeschichte 27, 1-26

31. Oktober

Engelsegen

Ich segne dich mit dem Licht, das dich erleuchtet.

Ich segne dich mit dem Licht, das dich verwandelt.

Ich segne dich mit dem Licht, das von dir ausgeht.

Schließe dich auf, werde licht,

denn dein Licht kommt,

der Glanz Gottes strahlt auf über dir (nach Jesaja 60, 1)

Elfter Brief an meinen Schutzengel

Du lachst ganz laut, wenn ich mich ärgern möchte,
                               mein Schutzengel.
Manchmal ist deine Musik schnell
         und schwingt ganz ausgelassene Klänge vor sich her.
 Wie in einem Walzer
           hüpfen, springen, laufen und drehen sich deine Töne.
 Wenn ich dich richtig verstehe,
            soll sich mein Ärger in Tanz verwandeln.
     Das ist gar nicht so leicht.
Darum klopfst du so laut an meine Herzenstür
              und gibst du mir zu verstehen,
     dass Gott nicht nur mein Tun segnet,
            sondern auch mein Lassen.
    Also gut, mein tanzender Schutzengel,
dann werde ich mich zusammen
       mit meinem Herzen aufmachen und Freude suchen.

Hans-Jürgen Hufeisen

Dazu die Instrumentalmusik auf CD Hufeisen, Mein Schutzengel

November

Du lachst ganz laut,
wenn ich mich ärgern möchte

1. November

Engelskraft

Ich bin der Engel der Freude.
Ich bin die Freude, aus der Gott die Welt erschuf.
Ich bin die Freude, die dich ins Leben rief.
Ich bin die Freude, die dein Herz schlagen lässt.
Ich bin das Lachen bei deiner Geburt
und das Lachen, das deinem Tode trotzt.
Ich bin der göttliche Funke des Lebensfeuers,
die Flamme deines Bewusstseins,
die Energie deines Lebens.
Ich wecke in dir frischen Mut, wenn du dich aufgibst.
Ich überstrahle mit meiner Heiterkeit deinen Grimm.
Ich lehre dich, dass das Leben ein Spiel ist,
ein Tanz göttlichen Feuers.
Ich bin das Lachen deiner Erlösung
aus allen Irrwegen und Umwegen des Daseins.

2. November

Freude, schöner Götterfunken,
Tochter aus Elysium,
wir betreten feuertrunken,
himmlische, dein Heiligtum.
Deine Zauber binden wieder,
was die Mode streng geteilt,
alle Menschen werden Brüder,
wo dein sanfter Flügel weilt.

Friedrich Schiller, aus: An die Freude

3. November

Engel durchkreuzen die Pläne des Bösen:

König Herodes wollte das Kind vernichten, von dessen Geburt ihm die Weisen berichten. „Kommt wieder her zu mir", bat er verschlagen, „wenn ihr gefunden habt, was euch der Stern gezeigt." Doch der Engel erschien den Magiern beim Stall von Bethlehem und wies ihnen einen anderen Weg. Sie kamen nicht zu Herodes, gingen zurück in ihr eigenes Land. Soviel der König auch tobte, das Kind er niemals fand.

Nach Matthäus 2

4. November

Der Engel – rund und schön wie der Vollmond:

Sehr ihr den Mond dort stehen?

Er ist nur halb zu sehen

und ist doch rund und schön.

So sind wohl manche Sachen,

die wir getrost belachen,

weil unsre Augen sie nicht sehn.

Matthias Claudius

5. November

Die Engelsstimme der göttlichen Barmherzigkeit:

Jona setzte sich auf einen Hügel östlich von Ninive und wartete auf den Untergang der Stadt, den er vorhergesagt hatte. Er ärgerte sich, weil es so lange dauerte und ihm heiß war. Da ließ Gott einen Strauch wachsen, der ein Schattendach über Jona breitete. Darüber freute sich Jona und vergaß eine Weile seinen Unmut. Als der nächste Morgen kam, sandte Gott einen Wurm, der nagte an dem Strauch, so dass er verdorrte. Und er ließ einen schwülen Wind wehen, so dass es unerträglich heiß wurde. Jona klagte: „Lieber möchte ich sterben als noch weiterleben." Da sagte Gott zu ihm: „Ist es gerecht, dass du so zornig bist über den Rizinusstrauch, der eingegangen ist?" „Ja, mir ist das Leben verleidet", wütete Jona. Gott sagte: „Du vermisst einen Strauch, den du weder gepflanzt noch gegossen hast. Sollte ich da nicht die Stadt Ninive vermissen, in der über 120 000 Menschen sind, die zwischen rechts und links nicht unterscheiden können, dazu die vielen Tiere?"

Nach Jona 3

Neues wagen

Evelyn de Morgan (1855 –1919), The Angel of Death

6. November

Der Ärger nagt an deinen Kräften,
du bist voll Wut und Hass.
Sie haben dich alle verraten,
weit über's erträgliche Maß.
Doch dann lacht dein Engel im Himmel
und schüttelt sein goldenes Haar:
„Wie kannst du dich so verbohren,
das ist doch gar nicht wahr!"
Du kannst deine Augen wenden
von allem, was dich verstört,
und bist auf einmal verwandelt
und gar nicht mehr empört.

7. November

Jesus hat ein Gleichnis erzählt für alle, die sich über das Böse ärgern:

Das Reich der Himmel ist zu vergleichen mit einem Bauern, der gute Saat auf sein Feld säen ließ. Über Nacht, als die Knechte schliefen, kam sein Feind und säte Unkraut zwischen den Weizen. Als die Saat aufging und Ähren trieb, zeigte sich auch das Unkraut. Die Knechte fragten ihren Herrn: „Hast du uns nicht gutes Saatgut gegeben, woher kommt nun das Unkraut? Sollen wir heute hingehen und jäten?" „Nein", sagte der Bauer, „wenn ihr das Unkraut ausrupft, würdet ihr den Weizen mit herausreißen. Lasst beides miteinander wachsen bis zur Ernte. Dann können die Schnitter das Unkraut bündeln und verbrennen, der Weizen aber kommt in meine Scheuer. Die Ernte ist das Ende der Welt, die Schnitter sind die Engel."

Nach Matthäus 13, 24-30.39

8. November

Wie ein Engel der Weisheit redete Jesus zu Selbstgerechten:

Einmal war er bei dem Pharisäer Simon zu Gast. Da kam eine Frau von der Straße, die einen schlechten Ruf hatte, und fing an, seine Füße mit ihren Tränen zu benetzen und mit ihren Haaren zu trocknen. Sie küsste sie und salbte sie mit kostbarem Öl. Der Pharisäer dachte: Wenn der ein Mann Gottes wäre, wüsste er, mit wem er es zu tun hat und würde das nicht dulden. Jesus erkannte seine Gedanken und verwickelte ihn in ein Gespräch darüber, dass die Dankbarkeit eines Menschen dann am größten ist, wenn ihm viel Schuld vergeben ist. „Siehst du diese Frau?", schloss er, „du hast mir, obwohl ich dein Gast bin, kein Wasser gegeben, um meine Füße zu waschen, sie aber hat meine Füße mit ihren Tränen benetzt. Du hast mir keinen Kuss zur Begrüßung gegeben, sie aber küsst meine Füße. Du hast mein Haupt nicht gesalbt, als ich dein Haus betrat, sie aber hat meine Füße gesalbt. Ihr ist viel vergeben, denn sie zeigt viel Liebe."

Nach Lukas 7, 36-47

9. November

Der Maßstab des Himmels:

„Das Reich der Himmel", sagte Jesus, „ist zu vergleichen mit einem Weinbergbesitzer, der Gelegenheitsarbeiter für die Ernte suchte und mit ihnen einen Tageslohn vereinbarte. Viermal am Tag fand er welche und sandte sie zur Arbeit. Am Abend bekamen alle den gleichen Lohn. Da ärgerten sich diejenigen, die er am Morgen gewonnen hatte, weil sie meinten, sie hätten mehr verdient als die anderen. ‚Freund', gab der Weinbergbesitzer zur Antwort, ‚steht es mir nicht frei zu geben was ich will, oder bist du neidisch auf mein Güte?'"

Nach Matthäus 20, 1-15

10. November

Lob und Dank rufen den Engel herbei:

Lobe Gott, meine Seele,
alles, was ich bin, soll ihn heiligen.
Lobe Gott, meine Seele,
und vergiss nicht, was er dir Gutes getan hat.
Er hat deine Schuld vergeben
und deine Krankheiten geheilt.
Er hat dein Leben vor dem Untergang bewahrt
und dich gekrönt mit seiner Gnade und Güte.
Er hat deine Bedürfnisse mit Gutem gestillt
und dir immer neue Kraft gegeben.
Lobet Gott, ihr seine Engel, ihr starken Helden,
die ihr ausführt, was er sagt.
Lobet Gott, ihr seine Boten,
die seinen Willen tun.
Lobe Gott, meine Seele!

Nach Psalm 103,1-5. 20-22

11. November

Dein Wunsch wird nicht sofort erfüllt,

dein Beten bleibt ohne Antwort,

und du bist sehr enttäuscht.

Ahnst du, wie oft ich, dein Schutzengel, schon dafür gesorgt habe,

dass nicht geschehen ist, was du so gern gewollt?

Ich habe alle deine Wünsche gesammelt.

Wollen wir sie uns einmal gemeinsam anhören?

Ich wette, auch du würdest heute über viele lachen

und froh sein, dass es anders kam.

12. November

Hochgewachsen, leuchtend, sanft und freundlich
sind die schönen jungen Männer,
die viele Menschen schon aus der Gefahr gerettet haben.
Es waren Engel, sagen sie.
Warum dich drüber ärgern,
warum solch schöne Wunder nicht für möglich halten?
Ich sage dir, was noch ein größres Wunder ist:
Wenn du, gefährdet durch die Dunkelheit in dir,
ein Licht erblickst, so leuchtend wie ein Engel
und dich dann freust, das Wunder zulässt
und dich einfach zu ihm wendest, beglückt und frei.

Weise sein

Ikone: Gabriel

13. November

Du siehst im anderen einen Egoisten
und traust ihm alles Mögliche Böse zu,
das er dir antun wird.
Denke einmal daran:
Auch der andere hat einen Schutzengel,
und er und ich, wir lachen,
wenn ihr miteinander streitet.
Wir lachen, damit euer Zorn verfliegt.

14. November

Nach der glücklichen Heimkehr seines Sohnes sagte Tobit zu Tobias:

„Jetzt müssen wir deinem Reisebegleiter sein Honorar geben." „Ja, Vater", meinte Tobias, „die Hälfte von allem, was ich heimgebracht habe, gebührt ihm. Er hat mich gesund zurückgebracht, hat meiner Frau geholfen, hat mein Geld geholt, und er hat dich geheilt." „Einverstanden", sagte Tobit, und rief den Reisebegleiter: „Nimm die Hälfte von allem, was ihr heimgebracht habt!" Der Mann aber sagte: „Dankt Gott statt mir. Ich bin Raphael, einer der sieben heiligen Engel, die vor Gott stehen und die Gebete der Gerechten zu ihm emportragen." Da erschraken die beiden und fielen vor ihm nieder. „Fürchtet euch nicht, Friede sei mit euch, dankt Gott und lobt ihn in Ewigkeit! Ich steige wieder auf zu ihm." Und als sie aufschauten, sahen sie ihn nicht mehr.

Nach Tobit 12

15. November

Das Lachen ist eine Waffe,

die dir dein Engel schickt.

Denn manchmal bist du ein Affe,

der überall Böses erblickt.

Du knirschst vor Wut mit den Zähnen

und findest dich selbst so gut.

Dann lache über dich selber

und deine verzweifelte Wut.

Denn sie wird dich nicht weiterbringen,

du verrennst dich nur in ihr.

Versuche lieber zu singen,

dann bin ich, dein Engel, bei dir.

16. November

Ein Engelgedanke:

Wenn du dich selbst mit andere vergleichst,

werden Eitelkeit und Bitterkeit dich besuchen.

Denke daran:

Es wird immer größere und geringere Menschen

geben als dich.

Aus der Lebensregel von Baltimore

17. November

Wenn ein Engel die Geburt eines Sohnes ankündigt, ist das seltsam für den Ehemann:

Der Engel Gottes erschien Manoahs Frau draußen auf dem Feld und sagte ihr, sie werde einen Sohn bekommen. Die Frau ging zu ihrem Mann und erzählte ihm alles. „Wo kam er her, wie hieß er?", wollte Manoah wissen. „Danach habe ich ihn nicht gefragt", gab die Frau zur Antwort Manoah bat Gott: „Der Mann, den du gesandt hast, soll noch einmal kommen und uns alles genau erklären." Der Engel kam noch einmal zu der Frau, als sie draußen auf dem Feld war. Die Frau lief zu ihrem Mann: "Komm, der Mann ist wieder da!" Manoah eilte herbei und fragte den Engel: "Bist du der, der mit meiner Frau gesprochen hat?" „Ja, ich bin's." „Und was sollen wir tun?" „Alles, was ich deiner Frau gesagt habe."

Nach Richter 13

18. November

Engel fragen nicht nach korrekter Frömmigkeit:

Manoah fragte den Engel: „Wie heißt du, damit wir dich belohnen können, wenn wir wirklich einen Sohn bekommen?" „Warum fragst du nach meinem Namen? Er ist wunderbar." Da bat Manoah: „Sei unser Gast, ich werde einen Ziegenbock schlachten." „Ich brauche deine Speise nicht. Bring dein Opfer Gott." Mit der Flamme des Opferfeuers stieg der Engel empor. Da sagte Manoah zu seiner Frau: „Wir müssen sterben. Wir haben Gott gesehen." Seine Frau aber meinte: „Wenn Gott uns hätte töten wollen, hätte er uns nicht ein Kind angekündigt."

Nach Richter 13

19. November

Wenn sich alles gegen dich verschworen
und ein Unglück auf das andre folgt,
dann ist es Zeit zu lachen:
So verrückt ist diese Welt!
Dann glaube, dass dein Engel
auch an diesem Tag über dich wacht.
Nicht was du erlebst ist entscheidend,
sondern was du daraus machst.

Sich erholen

Raffael (1483 – 1520), Sixtinische Madonna (Ausschnitt)

20. November

Wieder einmal hast du die Geduld verloren,

wieder einmal hattest du gedacht:

„Alles hat sich gegen mich verschworen."

Doch ich habe nur gelacht.

Habe aber still die Sorgenfalten

dir auf deiner Stirn geglättet,

und schon heute hast du das erhalten,

worauf du nicht mehr gewettet.

Lerne draus: Es lohnt sich meist zu warten,

denn die andern sind nicht so, wie du oft meinst.

Singe lieber diese leisen, zarten

Hoffnungslieder, bevor du Tränen den Zornes weinst.

21. November

Du ärgerst dich oft über deine Schwächen.

Lass das doch sein, denn das legt dich in Ketten.

Sieh deine Stärken an, und wenn du denen traust,

dann wirst du spüren, dass du eine goldne Brücke baust.

Betritt sie frei, dann wird auch Friede sein in deinem Haus

und Freude. Denn nur sie, das glaube mir,

verbindet dich mit dir, mit anderen, mit mir.

22. November

Engelsgeduld mit den Schwachen, den Bösen -,

du möchtest wissen, woraus wir sie lösen.

Würdest du täglich zu Gottes Ehre singen,

dann könntest auch du die Geduld von Engeln aufbringen.

23. November

Wenn du fortgehst, stehe ich schon an der Tür,
wenn du heimkommst, erwarte ich dich hier.
Wenn du in dich einkehrst, bin ich an der Pforte,
wenn du aus dir herausgehst, geb ich dir die Worte.
Beim Eingang und beim Ausgang deines Lebens,
bin ich bei dir durch jede Zeit und jeden Raum.
Ich lass dich gehen, doch ich sehe alle deine Wege,
und manchmal siehst du mich in deinem Traum.
Ich bin dein Schutzengel.

24. November

Engelaugen schauen anders als die des Menschen,
sie können in alle Richtungen sehen,
und der Schutzengel überblickt unser ganzes Wesen
und unser Schicksal.
Er hat dadurch mehr Erkenntnis als wir,
aber seine Erkenntnis ist mit Liebe verbunden,
Liebe zu unserem eigentlichen Wesen
und zu der Aufgabe, die der Einzelne, und nur er,
in diesem Leben hat.

25. November

Meine Flügel brauchst du nicht zu sehen,

auch mein Licht ist für dich oft zu fremd.

Denn ich möchte dich nicht erschrecken,

bis dein Herz mich von selber erkennt.

Die Stimmen in deinem Innern, sie sind nicht alle mein,

doch eine davon ist meine, und sie wird niemals schrein.

26. November

Bedenke: Wenn du dich ärgerst,
dann ärgerst du immer dich.
Du selbst ernährst die Dämonen
und lässt dich selber im Stich.
Beruhige deine Gefühe,
lass sie wie Wellen vergehn.
Im Spiegel des stillen Teiches
wirst du deinen Schutzengel sehn.
Er lacht über deine Beschwerden
und zeigt dir den anderen Weg:
Ruhig, in stillen Gewässern
fährt dein Kahn über Klippen hinweg.

Feuer

Fra Angelico (um 1387 – 1455), Musizierender Engel aus: Tabernakel der Flachshändler

27. November

Der Engel verbindet Strenge mit Humor:

„Gib mir einen Beweis, dass du die Wahrheit redest und wir einen Sohn bekommen", forderte Zacharias von dem Engel. „Denn ich bin alt, und auch meine Frau ist auch schon in den Jahren." „Ich bin Gabriel, ich stehe vor Gott, und er hat mich gesandt, dir diesen Sohn anzukündigen. Du vertraust meinem Wort nicht, willst einen Beweis? Nun, du wirst von jetzt an stumm sein und kein Wort mehr sagen können bis zu dem Tag, an dem du dein Kind in den Armen hältst."

Nach Lukas 1, 18-20

28. November

Ich bin die Quelle, die im tiefen Wald entspringt,
ich bin der Regen, den die Erde trinkt.
Ich bin das Element, das immer fließt
und jeden Raum erfüllt, in den es sich ergießt.
Es stolpert nicht, nichts hemmet seinen Lauf.
So musst auch du sein, halte dich nicht auf.
Dem Wasser tu es gleich, es ist des Engels Spiegel,
anscheinend schwach, so ohne Widerstand,
und doch des Heiligen Geistes Siegel.

29. November

Engelaussicht für den Skeptiker:

Philippus erzählte Nathanael: „Komm, wir haben den Messias gefunden, er ist Jesus, der Sohn Josefs aus Nazaret!" Nathanael zweifelte: „Kann denn aus Nazaret etwas Gutes kommen?" „Komm, sieh ihn dir an!" Jesus begrüßte Nathanael: „Ah, da ist ein echter Israelit, der sich nicht betrügen lässt!" „Woher kennst du mich?" „Bevor Philippus dich rief, als du unter dem Feigenbaum gesessen hast, habe ich dich gesehen." „Meister, du bist der Gesandte Gottes, du bist der erwartete König." „Nur deshalb glaubst du, weil ich dich unter dem Feigenbaum gesehen habe? Du wirst Größeres sehen. Ihr werdet den Himmel offen sehen und die Engel Gottes auf- und niedersteigen auf den Sohn des Menschen."

Nach Johannes 1, 45-51

30. November

Engelsegen

Ich segne dich mit der Freude, die dich erhellt.

Ich segne dich mit der Freude, die du anderen machst.

Ich bin die Freude in dir, die niemand dir nehmen kann.

Ich bin das Lachen in dir unter Tränen

und die Heiterkeit, die dich erwärmt.

Gott segne dich,

denn du sollst ein Segen sein.

Zwölfter Brief an meinen Schutzengel

Du öffnest mir Geheimnisse und bewahrst sie,
mein Schutzengel.
Du hast mir einmal eine Geschichte erzählt:
„Da wächst ein Baum, ganz langsam. Wenn er blüht, singen in seiner so schönen Krone allerlei bunte Vögel, seine Freundinnen und seine Freunde. Er nimmt ihre Melodien in sich hinein, damit er genügend Töne für seine Winterträume hat. Jahresring legt sich so um Jahresring. Reich ist der Baum und fest, wenn man ihn fällt. An guter Luft lange gelagert, bleibt sein Holz lebendig. Eines Tages nimmt ein Meister ein Stück von dem Holz und verwandelt es in eine Flöte.
Heute strömt dein Atem hindurch, und ich glaube, in deinen Melodien erwachen die Töne, die der Baum in seiner Blütezeit von den Vögeln gehört hat."
Ich bewege deine Worte in meinem Herzen.

Dein Schützling

Hans-Jürgen Hufeisen

Dazu die Instrumentalmusik auf CD Hufeisen, Mein Schutzengel

Dezember

Du öffnest mir Geheimnisse

und bewahrst sie

1. Dezember

Engelskraft

Wir sind die Cherubim, wir sind Anfang und Werden,
Ausdehnung und Vollendung der Schöpfung.
Wir tragen das Himmelsgewölbe,
wird singen die vier Weltgegenden ins Sein.
Wir erhalten die Gesetze, auf denen das All beruht.
Wir sind Feuer und Wasser, Luft und Erde.
In uns sind Sternenbahnen und Menschenwege,
das Werden des Lebens und seine Entfaltung.
Wir sind eines und doch alles.
Wir sind stark wie ein Stier, feurig wie ein Löwe,
fliegen auf wie Adler, haben das Gesicht von Engeln
und singen die Geheimnise der Schöpfung.
Wir weben das Netz alles Lebendigen,
wir sind das Ganze in seiner millionenfachen Vielfalt.
Wir singen, dass du unverzichtbar bist für das Ganze der Welt.
Denn auch dein Name ist im Buch des Lebens aufgeschrieben.

2. Dezember

Er sieht dich an, der Engel der Ikone,
und plötzlich bist du nicht mehr so allein.
Er schenkt dir eine unsichtbare Krone
von Heiligkeit und goldnem Schein.

Sein Auge kommt aus fremder Tiefe,
und es blickt ganz in dich hinein,
als ob er nach dem Wesen in dir riefe,
das Freude ist und Glück und Seligsein.

3. Dezember

Sieh in die lebendige Flamme.

Öffne dein Herz für das feurige Licht.

Feuer glüht, es reinigt,

lass es in dir brennen.

Wirf alle deine dunklen Nebel hinein,

deine Gedanken, deine Illusionen.

Lass eingesperrte Gefühle aufflammen,

werde selbst zur Flamme.

In diesem Glühen wirst du mit mir eins,

und so verbunden brennt in uns die Liebe,

denn sie ist mein und dein.

4. Dezember

Boten werden von Gott gesandt; es können geistige Wesen sein, oder Menschen, durch die er spricht. Die Botschaft eines Sehers klingt durch die Zeit:

So spreche ich, Bileam, der Mann, dessen Augen geöffnet wurden. So spricht der Mann, der die Worte Gottes vernehmen kann und der Visionen hat, versunken und doch offenen Auges: Ich sehe ihn, aber er ist noch nicht erschienen, ich schaue ihn, aber seine Zeit ist noch nicht nah: Ein Stern geht auf aus Jakob, ein König steht auf aus Israel.

Nach 4. Mose 24

5. Dezember

Engelfeuer:

Als ich am Fluss Chebar bei den Verbannten war, öffnete sich über mir der Himmel, und ich hatte eine Vision. Ein Sturm kam von Norden, der brachte eine große Wolke, die umgeben war von strahlendem Glanz, und aus der Mitte der Wolke blitzte es wie sprühendes Feuer. Mitten in dem Feuer erschienen Gestalten, die sahen wie Menschen aus. Jede Gestalt hatte vier Gesichter und vier Flügel. Unter ihren Flügeln hatten sie an vier Seiten Hände. Je zwei Flügel der vier Gestalten waren nach oben ausgespannt und berührten die Fügel der anderen. Mit den zwei anderen Flügeln bedeckten sie ihre Gestalt. Die vier Gesichter der vier Wesen sahen so aus: vorn ein Gesicht wie von einem Menschen, rechts wie von einem Löwen, links wie von einem Stier und innen wie ein Adler. Sie gingen geradeaus, ohne sich umzusehen, wohin der Geist sie zu gehen trieb, dahin gingen sie. Zwischen ihnen glühte es wie Feuer, als würden Fackelbrände zwischen ihnen hin und her fahren, und aus dem Feuer fuhren Blitze.

Nach Ezechiel 1

Erkenntnis

Rembrandt van Rijn (1606 – 1669), Matthäus und der Engel

6. Dezember

Engel wie Räder mit Augen:

Neben jedem der vier lebenden Wesen sah ich ein Rad. Die Räder schimmerten wie der Edelstein Chrysolith, sie schienen alle gleich groß, und doch sah es aus, als wäre jedes Rad mitten im anderen. Sie konnten in alle Himmelsrichtungen zugleich rollen, ohne zu wenden. Ringsum an den Rädern waren Augen. Wenn die vier Wesen gingen, gingen auch die Räder, und wenn sie sich vom Boden erhoben, erhoben sich die Räder mit ihnen. Wohin der Geist sie zu gehen trieb, dorthin gingen sie, denn der Geist der vier lebenden Wesen war in den Rädern.

Nach Ezechiel 1

7. Dezember

Engelsflügel tragen den götlichen Glanz:

Über den Häuptern der vier Wesen war so etwas wie eine Platte aus funkelndem Kristall. Sie schienen die Platte auf ihren Flügeln zu tragen. Wenn die vier Wesen sich bewegten, hörte ich ihre Flügel rauschen wie einen Wasserfall, wie eine donnernde göttliche Stimme oder das Getöse eines großen Heeres. Auf der Platte leuchtete etwas wie ein Saphir, es sah aus wie ein Thron, auf dem eine Menschengestalt zu sitzen schien. Ich sah etwas blinken wie Feuer, strahlender Glanz ging von dort aus. Es sah aus wie ein Regenbogen, der vor Wolken erscheint. So sah die Gestalt aus, in der mir der Glanz Gottes erschien.

Nach Ezechiel 1

8. Dezember

Von einem Engeln genährt:

Als ich das alles sah und hörte, stürzte ich zu Boden. Aber dann hörte ich eine Stimme, die zu mir sagte: „Steh auf, ich will mit dir reden." Da durchströmte es mich wie neuer Geist, ich konnte mich aufrichten und hören, was zu mir gesagt wurde. „Menschensohn, ich will dich zu den Söhnen Israels senden. Fürchte dich nicht vor ihnen." Öffne deinen Mund und iss, was ich dir gebe. Ich erblickte eine Hand, die mir eine Schriftrolle reichte, die war auf beiden Seiten beschrieben. „Iss diese Rolle und nimm alles tief in dich auf, was darauf steht." Da aß ich sie, und sie schmeckte süß wie Honig.

Nach Ezechiel 2 und 3

9. Dezember

Zehntausend mal zehntausende Engel:

Ich, Daniel, hatte in der Nacht eine Vision. Es wurden Throne aufgestellt, und ein Alter nahm darauf Platz. Sein Gewand war weiß wie Schnee, und das Haar auf seinem Haupt wallte weiß herab. Der Thron glich einer lodernden Flamme, und es waren Räder daran wie aus brennendem Feuer. Ein Feuerstrom ging von dem Alten aus. Tausend mal tausende Engel umgaben ihn, zehntausend mal zehntausende Engel standen vor ihm. Und ich sah in meiner Vision: Mit den Wolken des Himmels kam einer, der wie ein Mensch aussah, er gelangte bis zum Thron und wurde vor den Alten geführt. Ihm wurde die Macht übertragen, und er bekam den Auftrag zu regieren. Die Menschen aller Völker und Sprachen sollen seine Weisungen achten. Seine Macht ist Macht von des Ewigen Macht, die niemals vergeht, und sein Reich wird nicht niemals untergehen.

Nach Daniel 7

Geheimnis

Fra Angelico (um 1387–1455), Die Verkündigung (Ausschnitt)

10. Dezember

Lob auf das Urlicht der Schöpfung, den Engel der Engel, die Weisheit:

Auch ich bin ein sterblicher Mensch, bin von einer Mutter geboren, und mein erster Laut war Weinen. Einen Eingang gibt es ins Leben für alle, und auch das Ende ist das gleiche. Ich habe gebetet, und mir wurde Erkenntnis gegeben, ich bat darum, und der Geist der Weisheit kam zu mir. Ich schätze die Weisheit höher als Reichtum, als Gold, Silber und Edelsteine, und habe sie lieber als Gesundheit und Schönheit. Selbst das Sonnenlicht ist mit ihr nicht zu vergleichen, denn der Glanz, der von ihr ausgeht, verblasst nie. Die Weisheit ist ein Abglanz des ewigen Lichts, in ihr spiegelt sich Gottes Güte. Sie bleibt, was sie ist und erneuert doch alle Dinge. Von Generation zu Generation nimmt sie Wohnung in Menschen und macht sie zu Freunden Gottes und seinen Boten. Gott liebt den, der mit ihr vertraut ist, und gegen die Weisheit kommt keine Macht der Welt auf.

Nach Weisheit Salomos 7 und 8

11. Dezember

Wo die Weisheit wohnt, wird die Erde zum Garten:

Wie eine Zeder auf dem Libanon wuchs ich hoch,

wie eine Zypresse auf den Bergen des Hermon.

Wie eine Palme zu Engedi grünte ich

und blühte wie Rosenbüsche zu Jericho;

wie ein mächtiger Ölbaum im Tal und wie eine Platane am Wasser

war ich anzusehen.

Wie Zimt und Würzbalsam duftete ich

und wie auserlesene Myrrhe und wohlriechendes Harz.

Wie eine Eiche breitete ich meine Laubkrone aus,

und meine Zweige trugen Früchte.

Wie ein Weinstock trug ich köstliche Trauben,

und wo ich wohnte, sprossten Schönheit und Fruchtbarkeit.

Nach Jesus Sirach 24

12. Dezember

Einladung, vom Baum des Lebens zu essen:

Ich bin die Mutter der bedingungslosen Liebe,

der Ehrfurcht vor Gott, der Erkenntnis und der heiligen Hoffnung;

ich werde allen meinen Kindern geschenkt,

als ewige Gabe aber nur denen, die von Gott erwählt sind.

Kommet her zu mir, die ihr meiner begehrt,

und sättigt euch an meinen Früchten!

Denn an mich zu denken, schmeckt süßer als Honig,

und meine Gegenwart ist köstlicher als jeder andere Besitz.

Wer von mir kostet, wird mehr erkennen wollen,

und wer trinkt, was ich gebe,

wird weiter nach Weisheit dürsten.

Wer meinem Rat folgt, wird nicht beschämt werden,

und wer mich achtet, wird mit sich selbst und Gott im Einklang sein.

Nach Jesus Sirach 24

13. Dezember

Engel wie Wind, Feuer und heiliger Geist:

Die Jünger waren alle an einem Ort zusammen. Plötzlich kam vom Himmel her ein Wehen, als ob ein gewaltiger Sturm ausbräche, es erfüllte den ganzen Raum. Es erschienen Flammen, die sich teilten, und Feuerzungen brannten auf jedem von ihnen. Heiliger Geist ergriff sie, und sie fingen an, in fremden Sprachen zu reden, was der Geist ihnen sagte.

Nach Apostelgeschichte 2

14. Dezember

Der Leuchtende:

Ich, Johannes, hörte hinter mir eine laute Stimme wie vom Klang einer Posaune, die sagte: „Was du siehst, das schreibe in ein Buch." Ich wandte mich um, weil ich sehen wollte, woher die Stimme kam. Da sah ich sieben goldene Leuchter, und mitten in dem Licht eine Gestalt wie einen Menschen in einem bodenlangen Gewand mit goldenem Gürtel. Das Haupt und die Haare leuchteten weiß, die Augen waren wie Feuerflammen, die Füße leuchteten wie Metall in der Glut. Die Stimme klang wie das Rauschen eines Wasserfalls. Die Gestalt trug in der rechten Hand sieben Sterne, und aus dem Mund schienen blitzende Strahlen zu kommen. Das Gesicht blendete mich wie die Sonne am Mittag. Bei diesem Anblick verlor ich das Bewusstsein und stürzte zu Boden. Dann spürte ich eine Hand, die mich anrührte, und hörte: „Fürchte dich nicht!"

Nach Offenbarung 1, 10-17

Überraschung

Melozzo da Forli (1438 – 1494), Verkündigung (Ausschnitt)

15. Dezember

Ein Engel führt durch die Vision des Sehers von Patmos:

Es kam einer von sieben Engeln und rief mich: „Komm, ich will dir die Braut des Lammes zeigen." Auf einmal stand ich auf einem hohen Berg, und er zeigte mir die heilige Stadt Jerusalem, die kam vom Himmel herab, leuchtend in göttlichem Glanz. Sie funkelte in vielen Farben wie lauter Edelsteine.

Nach Offenbarung 21, 9-11

16. Dezember

Der Engel Gottes zeigt das künftige Paradies:

Der Engel zeigte mir einen Strom, Wasser des Lebens, durchsichtig wie Kristall. Der Strom entsprang am Throne Gottes und des Lammes. An seinen beiden Ufern wuchsen Bäume des Lebens, die in jedem Monat Früchte tragen, und ihre Blätter haben heilende Kraft. Als ich niederfiel, um den Engel anzubeten, der mir dies alles gezeigt hatte, wehrte er ab: „Tu das nicht! Ich bin dein Bruder; bete nur Gott an!"

Nach Offenbarung 22, 1-2; 8-9

17. Dezember

Hildegard von Bingens Schau des Kosmos ist noch heute, 900 Jahre später, dem Wissen voraus:

Wie ein mächtiges Feuer brach der göttliche Geist in mein Leben ein und zwang mich zu reden und zu schreiben: Im 43. Jahr meines Lebenslaufes schaute ich ein himmlisches Gesicht. Zitternd und mit großer Furcht spannte sich ihm mein Geist entgegen. Ich sah einen sehr großen Glanz. Eine himmlische Stimme erscholl daraus. Sie sprach zu mir: „Schwacher, anfälliger Mensch, Asche von Asche, Moder von Moder, sage und schreibe, was du siehst und hörst! ... Sage, was du siehst und hörst, schreibe es, nicht wie es dir noch irgend einem anderen Menschen gefällt, sondern schreibe es nach dem Willen dessen, der alles weiß, alles sieht, alles ordnet in den verborgenen Tiefen seiner geheimen Ratschlüsse."

Nach Hildegard von Bingen

18. Dezember

Rote, lodernde Flammen durchdrangen mein ganzes Haupt. Hoch oben auf einem hohen Berg erschien der Lichtherrliche, strahlend, sein Glanz blendete meine Augen. Und ein Feuerstrahl von dem Lichtherrlichen drang aus der Höhe in breitem Strom herab auf mich, das einfache Mädchen, machte aus mir ein anderes Wesen, das ganz Auge war. Die lodernden Flammen des Geistes haben mich durchglüht und die Angst weggebrannt. Ich musste sagen, musste schreiben und zeigen, was ich von frühester Kindheit an gesehen und gehört hatte und immer neu hörte und sah.

Nach Hildegard von Bingen

19. Dezember

Ich sah eine Gestalt, gegen Osten gewandt, deren Gesicht und Füße von einem solchen Glanz erstrahlten, dass dieser Glanz meine Augen blendete. Sie trug ein Kleid aus weißer Seide, darüber einen Mantel aus grüner Farbe. Der war mit den verschiedensten Edelsteinen reich geschmückt. Sie sprach: „Ich bin das heimliche Feuer in allem, und alles duftet von mir. Und wie im Atem des Menschen atme ich in allen Geschöpfen; sie werden nicht sterben, weil ich ihr Leben bin."

Nach Hildegard von Bingen

20. Dezember

Eine saphirblaue Menschengestalt:

In einer meiner Visionen sah ich ein überhelles Licht und darin eine saphirblaue Menschengestalt, die durch und durch im sanften Rot funkelnder Flamme brannte. Das helle Licht durchflutete die Flamme, und die Flamme das helle Licht, und beide durchfluteten zugleich diese saphirblaue Menschengestalt. Feuer, das nicht verbrennt, Licht, das erleuchtet, statt zu blenden, eine blaue Gestalt, die segnet und in der Mensch und Kosmos eins sind.

Nach Hildegard von Bingen

Sanftmut

Hans Memling (um 1433 – 1494), Verkündigung

21. Dezember

Ich schaute ein wunderschönes Bild. Es hatte die Gestalt eines Menschen. Sein Antlitz war von solcher Schönheit und Klarheit, dass ich leichter in die Sonne hätte blicken können als in dieses Gesicht. Ein weiterer Reif aus Gold umgab ringsum sein Haupt. Vom Hals der Gestalt ging beiderseits ein Flügel aus. Die Flügel erhoben sich über den Reif und vereinigten sich. Von den Schultern der Gestalt ging ein Flügel aus bis zu den Knien. Sie war gewandet in ein Kleid, das der Sonne gleich erglänzte. In ihren Händen trug sie ein Lamm, das leuchtete wie ein lichtklarer Tag.

Nach Hildegard von Bingen

22. Dezember

Weihnacht, Weihnacht kehret wieder,
wachet auf, ihr meine Lieder,
weckt euch nicht der Engel Sang?
Wollt ihr nicht mit ihren Chören
zu des großen Gottes Ehren
fröhlich singen euren Dank?

Auf denn, auf, ihr meine Lieder,
jauchzt dem, der aufs neue wieder
seinen Einzug bei uns hält,
mischt euch in der Engel Chöre:
Gott sei in der Höhe Ehre,
Friede, Friede dieser Welt!

A. Morath

23. Dezember

Dies ist die Nacht, da mir erschienen
des großen Gottes Freundlichkeit;
das Kind dem alle Engel dienen,
bringt Licht in meine Dunkelheit,
und dieses Welt- und Himmelslicht
weicht hunderttausend Sonnen nicht.

Drum Jesu, schöne Weihnachtssonne,
bestrahle mich mit deiner Gunst;
dein Licht sei meine Weihnachtswonne
und lehre mich die Weihnachtskunst,
wie ich im Lichte wandeln soll
und sei des Weihnachtsglanzes voll.

Kaspar Friedrich Nachtenhöfer

Wohlgefallen

Weihnachtsikone

24. Dezember

Als Jesus geboren wurde, waren in der Nähe von Bethlehem Hirten mit ihrer Herde, die hielten Nachtwache. Da trat ein Engel zu ihnen, strahlender Glanz leuchtete um sie auf, und sie fürchteten sich. Der Engel sagte: „Fürchtet euch nicht! Freude verkünde ich euch und allen Menschen. Denn euch ist heute der Heiland geboren, der Christus, König in der Stadt Davids. Geht, und ihr werdet in einer Futterkrippe ein neugeborenes Kind finden, in Windeln gewickelt." Auf einmal war um den Engel ein großes Heer von Himmlischen, die sangen: „Ehre sei Gott in der Höhe, und unten auf der Erde soll Friede werden unter den Menschen, denn Gott hat sie lieb."

Nach Lukas 2, 8-14

25. Dezember

Jauchzet, frohlocket, auf, preiset die Tage,

rühmet, was heute der Höchste getan!

Lasset das Zagen, verbannet die Klage,

stimmet voll Jauchzen und Fröhlichkeit ein!

Dienet dem Höchsten mit herrlichen Chören,

lasst uns den Namen des Herrschers verehren!

Aus dem Weihnachtsoratorium von Johann Sebastian Bach

26. Dezember

Da liegt es, das Kindlein, auf Heu und auf Stroh,

Maria und Josef betrachten es froh.

Die redlichen Hirten knien betend davor,

hoch oben schwebt jubelnd der Engelein Chor.

O beugt wie die Hirten anbetend die Knie,

erhebet die Hände und danket wie sie;

stimmt freudig, ihr Kinder, – wer wollt sich nicht freun? –

stimmt freudig zum Jubel der Engel mit ein.

Christoph von Schmid

27. Dezember

Vom Himmel hoch,
o Englein kommt,
Komm singt und klingt,
kommt pfeift und trombt,
Halleluja, Halleluja.
Von Jesus singt und Maria.

Kommt ohne Instrumente nit,
bringt Lauten, Harfen,
Geigen mit.
Halleluja, Halleluja.
Von Jesus singt und Maria.

Hier muss die Musik
himmlisch sein,
weil dies ein himmlisch
Kindelein.
Halleluja, Halleluja.
Von Jesus singt und Maria.

Singt Fried den Menschen weit
und breit,
Gott Preis und Ehr in Ewigkeit.
Halleluja, Halleluja.
Von Jesus singt und Maria.

Aus dem Quempas

28. Dezember

Schaut die lieben Englein an

und tut, wie sie han getan:

Singt mit ihn' das schöne Lied

von Gottes Gnad und großem Fried mit Schallen

und habt dran ein herzlich Wohlgefallen.

Eia, eia, wünschet Glück dem Christkindlein,

stimmet all zugleich mit ein mit Freuden:

Ehre sei Gott in der Höh,

auf Erden Fried und sondre Freud

sei unter uns allen bis in Ewigkeit.

Aus: Singet frisch und wohlgemut, Böhmische Brüder

29. Dezember

Es sungen drei Engel ein süßen Gesang,
dass in den hohen Himmel klang.

Sie sungen, sie sungen alle so wohl,
den lieben Gott wir loben solln.

Wir heben an, wir loben Gott,
wir rufen ihn an, es tut uns not.

All unsre Not und unsre Pein,
das wandel uns dies Kindelein.

15. Jahrhundert

30. Dezember

Gott wird alle Tränen von ihren Augen abwischen,
und der Tod wird nicht mehr sein,
kein Leiden und Schreien und keine Schmerzen werden mehr sein,
denn das ist dann alles vergangen.

Ich, Jesus, habe meinen Engel gesandt,
euch dies alles zu sagen.
Ich bin der Wurzelspross Davids,
der glänzende Morgenstern.

Nach Offenbarung 21, 4 und 22, 6.8.16

Anbetung

Fra Angelico (um 1387 –1455), Musizierender Engel aus: Tabernakel der Flachshändler

31. Dezember

Engelsegen

Ich segne dich mit dem goldenen Strom des Lichts.

Ich segne dich mit dem Aufscheinen des messianischen Glanzes über dir.

Ich segne dich mit dem klaren Leuchten,

das auf deiner Stirn erscheint wie ein Stern,

wenn du in der Hingabe bleibst, im Lauschen auf Gottes Segen.

Gott segne dich.

Stille

Hans Memling (um 1433 – 1494), Musizierende Engel (Ausschnitt)

Quellennachweis

Erster bis Zwölfter Brief an meinen Schutzengel von Hans-Jürgen Hufeisen sowie 1. 8., Der Engel der Stille von Hans-Jürgen Hufeisen: © hufeisen edition, www.hufeisen.de.

8./9. Januar: *Czesław Miłosz*, Von Engeln, aus: Glaube-Hoffnung-Liebe. Geistliche Lyrik aus Polen nach 1945, Hrsg. und übertragen von Karl Dedecius, Patmos Verlag, Düsseldorf 1981

15./16. April: *Fred Weyrich*, aus: Birgit Rupprecht-Stroell, Schutzengel, © 1997 mvg-verlag, Landsberg am Lech, S.169f.

2. Juni: *Paulo Coelho*, Der Wanderer. Geschichten und Gedanken. Ausgewählt von Anna von Planta. Aus dem Brasilianischen von Maralde Meyer-Minnemann. Copyright © 1994 by Paulo Coelho. Alle deutschen Rechte vorbehalten. Copyright © 1998 by Diogenes Verlag AG Zürich, S. 51f.

4. Juni: *Clarita Schmid*, mit freundlicher Genehmigung der Baldegger Schwestern, Kloster Baldegg

10. August: Vers 1 *Jörg Zink*, aus: Der Singvogel, Kreuz Verlag, Stuttgart 1997

13. August: *Jörg Zink*, aus: Der Singvogel, Kreuz Verlag, Stuttgart 1997

4. September: *Ernesto Cardenal*, Das Buch von der Liebe, Aus dem Spanischen von Anneliese Schwarzer de Ruiz, Peter Hammer Verlag Wuppertal 1991, S.78, 72f

9. Oktober: *Erwin Brandes*, Aus: Atempausen, Kreuz Verlag, Stuttgart 1977, gekürzt

12. Oktober: *Dr. med. Raymund A. Moody*, Leben nach dem Tod, Copyright der deutschen Übersetzung von Hermann Gieselbusch © 1977 by Rowohlt Verlag GmbH, Reinbek, S.65f.

18. Oktober: *Eugen Roth*, aus: Rose und Nessel, Carl Hanser Verlag, München 1991. Mit freundlicher Genehmigung der Eugen Roth-Erben.

Bildnachweis

Januar: Rembrandt: Foto: Archiv Jörg Zink · Meister der gold. Tafel: Foto: Archiv Jörg Zink – *Februar:* Schottenmeister: Foto: Archiv Jörg Zink · Perugino: © National Gallery London – *März:* Fra Angelico, Engel 1: Foto: AKG Berlin · Marmion, 2 Engel: © National Gallery London – *April:* Ikone: Foto: Archiv Jörg Zink – *Mai:* Grünewald: Foto: AKG Berlin – *Juni:* Ricci: Foto: AKG Berlin/Erich Lessing · Fra Angelico, Engel 10: Foto: AKG Berlin – *Juli:* Fra Angelico, Engel 2: Foto: AKG Berlin · Marmion, 3 Engel: © National Gallery London – *August:* da Forli: Foto: Archiv Jörg Zink · Bouts: Foto: Archiv Jörg Zink · Bellini: Foto: AKG Berlin – *September:* Bol: Foto: AKG Berlin *Oktober:* Drost: Foto: Archiv Jörg Zink · van der Weyden: Foto: Archiv Jörg Zink · Rembrandt: Foto: Archiv Jörg Zink – *November:* Raffael: Foto: AKG Berlin · Fra Angelico, Engel 12: Foto: AKG Berlin – *Dezember:* Weihnachts-Ikone: Foto: Archiv Jörg Zink · Fra Angelico, Engel 11: Foto: AKG Berlin

Bibelstellenverzeichnis

1. Mose 16, 6-13: 17.6.
1. Mose 18, 4.4. und 9.9.
1. Mose 19: 7.7.
1. Mose 21, 14-19: 18.6.
1. Mose 22: 14.7.
1. Mose 24, 1-7: 6.2.
1. Mose 28, 10-18: 3.10.
1. Mose 32, 22-29: 12.7.
1. Mose 48, 15-16.20: 16.10.
2. Mose 3,1-8. 12: 23.10.
2. Mose 13, 21: 13.2.
2. Mose 23, 20: 2.2.
4. Mose 22: 23.2.
4. Mose 24: 4.12.
5. Mose 33, 26.27: 29.1.
Josua 1,9: 16.7.
Richter 6, 11-16: 29.7.
Richter 13: 17.11., 18.11.
1. Samuel 16, 14-23: 22.8.
1. Könige 19, 3-8: 6.5.
1. Könige 19, 8-13.15: 18.8.
2. Könige 6,14-17: 10.7.

Psalm 17, 8: 22.1.
Psalm 18, 4-20: 20.6.
Psalm 22, 12-30: 27.7.
Psalm 78, 19-25; 13.4.
Psalm 91,4: 18.1.
Psalm 91,11: 2.1.
Psalm 91, 14.15: 12.3.
Psalm 103, 1-4: 6.3.
Psalm 103, 1-5, 20-22: 10.11.
Psalm 107, 17-20: 15.3.
Psalm 116, 3-4.8-9: 17.3.
Psalm 147, 1,3,11: 20.3.
Das Hohelied 8,6-7: 27.9.
Jesaja 6, 1-8: 23.8.
Jesaja 57,18: 3.3.
Jesaja 60,1: 31.10.
Jesaja 61, 1.3: 25.3.
Jeremia 15,11: 22.3.
Jeremia 33,2.6: 2.3.
Ezechiel 1: 5.,6., 7. 12.
Ezechiel 2 und 3: 8.12.

Daniel 3: 18.7.
Daniel 6: 26.7.
Daniel 7: 9.12.
Daniel 8, 2-26: 13.5.
Daniel 10, 4-19: 11.10.
Jona 3: 5.11.
Sacharja 1,7-17: 17.7.
Tobit 3: 27.6.
Tobit 6, 10-18: 7.2.
Tobit 6: 11.3.
Tobit 8: 5.7.
Tobit 12: 14.11.
Jesus Sirach 24: 11.12. und 12.12.
Weisheit Salomos 6, 12-14: 20.2.
Weiseit Salomos 7, 7.10.11: 18.2.
Weisheit Salomos 7, 28-30: 22.2.
Weisheit Salomos 7 und 8: 10.12.

Weisheit Salomos 8, 2-3: 15.2.
Weisheit Salomos 8, 9: 12.2.
Weisheit Salomos 9,10: 2.2.
Matthäus 1,18-21.24: 25.9.
Matthäus 2, 13-15: 28.7.
Matthäus 2: 3.11.
Matthäus 3,16.17: 6.1.
Matthäus 13, 24-30.39: 7.11.
Matthäus 18, 19: 7.4.
Matthäus 20, 1-15: 9.11
Matthäus 26, 47-54: 22.7.
Matthäus 27, 62-66; 28,1-16: 24.10.
Markus 1,13: 20.5.
Lukas 1: 28.1.
Lukas 1, 11-15: 26.5.
Lukas 1, 18-20: 27.11.
Lukas 1, 26-38: 24.3.
Lukas 2, 8-14: 24.12
Lukas 4, 18: 29.3.

Lukas 5, 10: 17.4.
Lukas 7, 36-47: 8.11.
Lukas 15, 10: 17.4.
Lukas 22, 39-43: 212.6.
Lukas 24, 13-15. 28-32: 8.9.
Johannes 1, 45-51: 29.11.
Johannes 20, 11-16: 3.6.
Johannes 21,18: 21.2.
Apostelgeschichte 1: 27.2
Apostelgeschichte 2: 13.12.
Apostelgeschichte 3, 3-8: 19.3.
Apostelgeschichte 8, 26-39: 17.2.
Apostelgeschichte 9, 10-17: 23.3.
Apostelgeschichte 12,3-12: 25.10.
Apostelgeschichte 27, 1-26: 30.10.
Hebräer 13, 2: 10.9.
1. Johannes 3, 20: 7.9.

Offenbarung 1, 10-17: 14.12.
Offenbarung 4, 1-3. 6-8: 30.8.
Offenbarung 12, 1-6. 13-14: 24.7.
Offenbarung 12, 7-10: 17.7.
Offenbarung 21, 4: 30.12
Offenbarung 21, 9-11: 15.12.
Offenbarung 22, 1-2, 8-9: 16.12
Offenbarung 22, 6.8, 16: 30.12.

Hans-Jürgen Hufeisen gehört zu den bekanntesten Blockflötisten Europas. Seine Musik komponiert er am liebsten selbst, und sie lockt Tausende von Zuhörerinnen und Zuhörern in Kirchen und Säle. Er hat mit sechs Jahren angefangen Blockflöte zu spielen. Mit 16 Jahren begann er das Studium an der Folkwang-Musikhochschule Essen.
Das Konzertexamen auf der Blockflöte legte er bei Professor Gerhard Braun in Karlsruhe ab. Unzählige Konzerte, über zwanzig eigene CD-Produktionen und das vielfach im Fernsehen ausgestrahlte Musikvideo „Musikalische Ikonen aus Flöte, Stein und Licht" zeugen von der Schaffenskraft dieses Musikers aus Berufung, spiegeln zugleich die außerordentliche Vielfalt seiner Stilmittel.

Hildegunde Wöller, geb. 1938, evangelische Theologin, von 1977 bis 2000 Lektorin im Kreuz Verlag Stuttgart. Von 1963 bis 1969 war sie in der kirchlichen Rundfunkarbeit und im Sender Freies Berlin. Freiberufliche Tätigkeit in Publizistik und Erwachsenenbildung. Veröffentlichungen im Bereich christlicher Glaube, feministische Theologie, Tiefenpsychologie. Seit den 90er Jahren Zusammenarbeit mit Hans-Jürgen Hufeisen bei der Entwicklung neuer Liturgien.

Die Deutsche Bibliothek- CIP-Einheitsaufnahme

Ein Titeldatensatz für diese Publikation ist bei

Der Deutschen Bibliothek erhältlich

1 2 3 4 5   04 03 02 01 00

© Kreuz Verlag GmbH & Co. KG Stuttgart 2000
Ein Unternehmen der Dornier Medienholding GmbH
Postfach 80 06 69, 70506 Stuttgart, Tel. 0711-78 80 30
Sie erreichen uns rund um die Uhr unter www.kreuzverlag.de
Umschlag- und Innengestaltung: Jutta Bost
Satz: Rund ums Buch – Rudi Kern, Kirchheim/Teck
Druck und Bindung: Milanostampa, Farigliano, Italien
Die Schreibweise entspricht den Regeln der neuen Rechtschreibung.
ISBN 3 7831 1826 3

Musikalische Engelsflügel

Hans-Jürgen Hufeisen
Mein Schutzengel –
12 musikalische
Begegnungen
CD 1861

Hans-Jürgen Hufeisen zeigt die engelsgleiche Wirkung der Musik in 12 neuen Kompositionen. Stets ist der Schutzengel präsent und hüllt die Zuhörenden ein in Trost und Träume, in Humor und heilende Berührungen.

KREUZ: Was Menschen bewegt.
www.kreuzverlag.de

Himmlische Flötenklänge

Hans-Jürgen Hufeisen
Das Engelkonzert
CD 1215

Zwölf Engel geben ein Konzert voller Leichtigkeit und Freiheit. Hans-Jürgen Hufeisen kleidet die Engel in Töne, so dass man beim Lauschen mit den Seraphimen tanzen und mit Uriel fliegen kann.

KREUZ: Was Menschen bewegt.
www.kreuzverlag.de